Die Österreichischen Bundesbahnen

GEORG WAGNER

Die Österreichischen Bundesbahnen

Eisenbahn und Landschaft in 150 Panorama-Aufnahmen

Weltbild Verlag

Mit 152 Farbfotos von Bernd Eisenschink (8) und Georg Wagner (144)

Die vier Streckenkarten wurden mit freundlicher Genehmigung der Österreichischen Bundesbahnen auf der Basis einer älteren Übersichtskarte zu den Aushangfahrplänen erstellt und auf den Stand vom Winter 1983/84 gebracht.

Lizenzausgabe für
Weltbild Verlag GmbH, Augsburg 1990
Das Werk einschließlich aller seiner Teile ist urheberrechtlich geschützt. Jede Verwertung außerhalb der engen Grenzen des Urheberrechtsgesetzes ist ohne Zustimmung des Verlages unzulässig und strafbar. Das gilt insbesondere für Vervielfältigungen, Übersetzungen, Mikroverfilmungen und die Einspeicherung und Verarbeitung in elektronischen Systemen.
© Franckh-Kosmos Verlags-GmbH & Co., Stuttgart
Originaltitel: Wagner, Die ÖBB heute
Gesamtherstellung: Appl, Wemding
Printed in Germany
ISBN 3·89350·038·3

Foto Seite 2:
Das Foto umreißt das Spektrum des Bahnbetriebs in Österreich. Am 5. 4. 1983 fand eine Lastprobefahrt mit der neu angelieferten 1063.02 vor dem Güterzug 67219 (Wien-Matzleinsdorf – Graz Vbf) über den Semmering statt. Die planmäßige Zuglok 1042.599 sowie die Vorspannlok 1042.585 (beide von der Zugförderungsstelle Mürzzuschlag) unterstützten sie dabei, die 910 t Zuggewicht vom 439 m hoch gelegenen Bahnhof Gloggnitz zum Scheitelpunkt Semmering (896 m) zu befördern. Auch die offizielle „Polizeifahrt" zwei Tage später absolvierte die 1063.02 zur Zufriedenheit, so daß sie vom 7. 4. 1983 an bei der Zugförderungsleitung Wien Süd beheimatet wurde. Das Foto entstand bei der Fahrt des Zuges über den 133 m langen Unteren Adlitzgraben-Viadukt.

Vorwort

Am 23. November 1837 begann in Österreich – in der österreichisch-ungarischen Monarchie – das Eisenbahn-Zeitalter mit der Fahrt des ersten Dampfzuges von Floridsdorf (damals noch „bei Wien", heute XXI. Wiener Gemeindebezirk) nach Wagram. Fast genau 140 Jahre nach diesem Ereignis, am 13. Jänner 1978, wurde in dieser geschichtsträchtigen Station, im nunmehrigen Deutsch Wagram, das „Ausblasen" der letzten Dampflokomotive der Österreichischen Bundesbahnen festlich begangen; die Ära des Dampfbetriebes auf Normalspurstrecken war zu Ende, seither gibt es Dampf nur mehr auf einigen österreichischen Schmalspurstrecken.

Die Zukunft, nämlich die Abwicklung des Schienenverkehrs mit elektrischer Traktion, hatte aber schon längst begonnen: Die Elektrifizierung von Linien und Hauptstrecken war in den Jahren vor und nach dem Ersten Weltkrieg begonnen worden, um von der teuren und in Krisenzeiten oft nicht verfügbaren ausländischen Steinkohle unabhängig zu werden. Schon in den Jahren 1924 und 1925 war die Arlbergstrecke zwischen Innsbruck und Bludenz auf elektrischen Betrieb umgestellt worden, ebenfalls im Jahre 1924 die Strecke Stainach-Irdning – Attnang-Puchheim. Vom 11. März 1930 an wurde schon die ganze Hauptlinie westlich von Salzburg samt den Abzweigungen zur schweizerischen, deutschen und italienischen Grenze elektrisch befahren.

Im Jahre 1945, zu Ende des Zweiten Weltkrieges, waren gerade eintausend Kilometer Strecke für den elektrischen Betrieb ausgerüstet. Heute, etwas mehr als 145 Jahre nach der ersten Fahrt eines Eisenbahnzuges in Österreich, sind von den insgesamt 5759 Kilometern Betriebslänge des gesamten Streckennetzes der Österreichischen Bundesbahnen mehr als 3032 Kilometer, das sind etwa 52,1 Prozent, elektrisch befahrbar; hier werden aber mehr als 92 Prozent der Beförderungsleistungen der Österreichischen Bundesbahnen erbracht!

Durch ein umfangreiches, vor allem im letzten Jahrzehnt stark intensiviertes Ausbau- und Modernisierungsprogramm in allen Betriebsbereichen, besonders auf dem Sektor der Fahrbetriebsmittel, aber auch durch eine ständige Intensivierung und Ausweitung der Kundendienstleistungen sowohl im Reise- als auch im Güterverkehr ist es den Österreichischen Bundesbahnen gelungen, der Bevölkerung wie der heimischen Wirtschaft eine große Angebotspalette an Verkehrsleistungen zur Verfügung zu stellen. Im Reiseverkehr haben die Österreichischen Bundesbahnen im Laufe der letzten zwanzig Jahre ein dichtes Netz von Städteschnellverbindungen im innerösterreichischen Fernverkehr aufgebaut: Im Sommer 1965 wurden erstmals Garnituren der Reihe 4010 beim damaligen TS „Transalpin" Wien – Basel eingesetzt. Konsequent wurden in den nächsten drei Jahren Städteschnellverbindungen in den Relationen Wien – Graz, Wien – Villach, Wien – Salzburg – Innsbruck – Bregenz, Graz – Innsbruck und Graz – Salzburg entsprechend der Auslieferung der ET 4010 geschaffen; diese Triebfahrzeuge wurden auch im internationalen Verkehr, und zwar beim TS 311/312 „Johann Strauß" Wien – Frankfurt und beim TS 360/361 „Rosenkavalier" Wien – München eingesetzt.

Zwischen 1975 und 1978 erfuhr der binnenösterreichische Reisezugverkehr stufenweise weitere Verbesserungen: Es wurden der Taktfahrplan in Zweistunden-Intervallen in den Relationen Wien – Salzburg und Wien – Graz eingeführt, die Querverbindungen Graz – Bischofshofen, Graz – Linz, Klagenfurt – München und Linz – Klagenfurt – Wien ausgebaut und der Zweistundentakt in der Relation Wien – Villach aufgenommen. 1981 erfolgte die Trennung der Taktzüge von Wien Südbahnhof aus in Richtung Graz einerseits und in Richtung Villach andererseits; zwischen Wien Süd und Bruck an der Mur wurde der Stundentakt eingeführt. Im Jahre 1982, mit Inbetriebnahme der Gleisschleife Rosenheim, wurden der Einstundentakt zwischen Wien und Salzburg und der Zweistundentakt zwischen Wien und Innsbruck aufgenommen.

Mit 1. Jänner 1983 verfügten die Österreichischen Bundesbahnen über einen – in großem Ausmaß – modernen Fahrzeugbestand. Dazu gehören insgesamt 1469 Triebfahrzeuge (davon 680 Elektro- und 466 Diesel-Lokomotiven sowie 172 Elektro- und 82 Diesel-Triebwagen in Normalspur, ferner noch 18 Dampf-, 15 Elektro- und 34 Diesel-Lokomotiven sowie zwei Diesel-Triebwagen in Schmalspur). Der ÖBB-Wagenpark bestand zu Anfang 1983 – um nur die beiden wichtigsten Gruppen zu nennen – aus 1021 zweiachsigen und 3043 vierachsigen Reisezugwagen sowie aus 35 937 Güterwagen verschiedener Bauarten.

Diese vielfältigen und eben deshalb interessanten, ja beeindruckenden Fahrbetriebsmittel der Österreichischen Bundesbahnen sind die „Hauptakteure" dieses Bildbandes. Daß sie die Kamera inmitten der österreichischen Landschaft mit den ebenso vielfältigen zauberhaften, herben, wild-romantischen, heiteren Naturschönheiten eingefangen hat, die Österreich – vom Neusiedler- bis zum Bodensee – zu bieten hat, verleiht dem Inhalt dieses Buches einen Reiz, der den Eisenbahn- wie den Naturfreund gleichermaßen begeistert. Was für die Österreichischen Bundesbahnen die schwierig zu meisternde und auch kostenaufwendige topographische Gestaltung des Landes ist, wird vor den Augen des Betrachters zu einer Harmonie von Schiene und Landschaft, zu einer geglückten Einheit von Technik und Natur, deren Ausstrahlung er sich nicht entziehen kann.

Österreichische Bundesbahnen
Der Vorstand

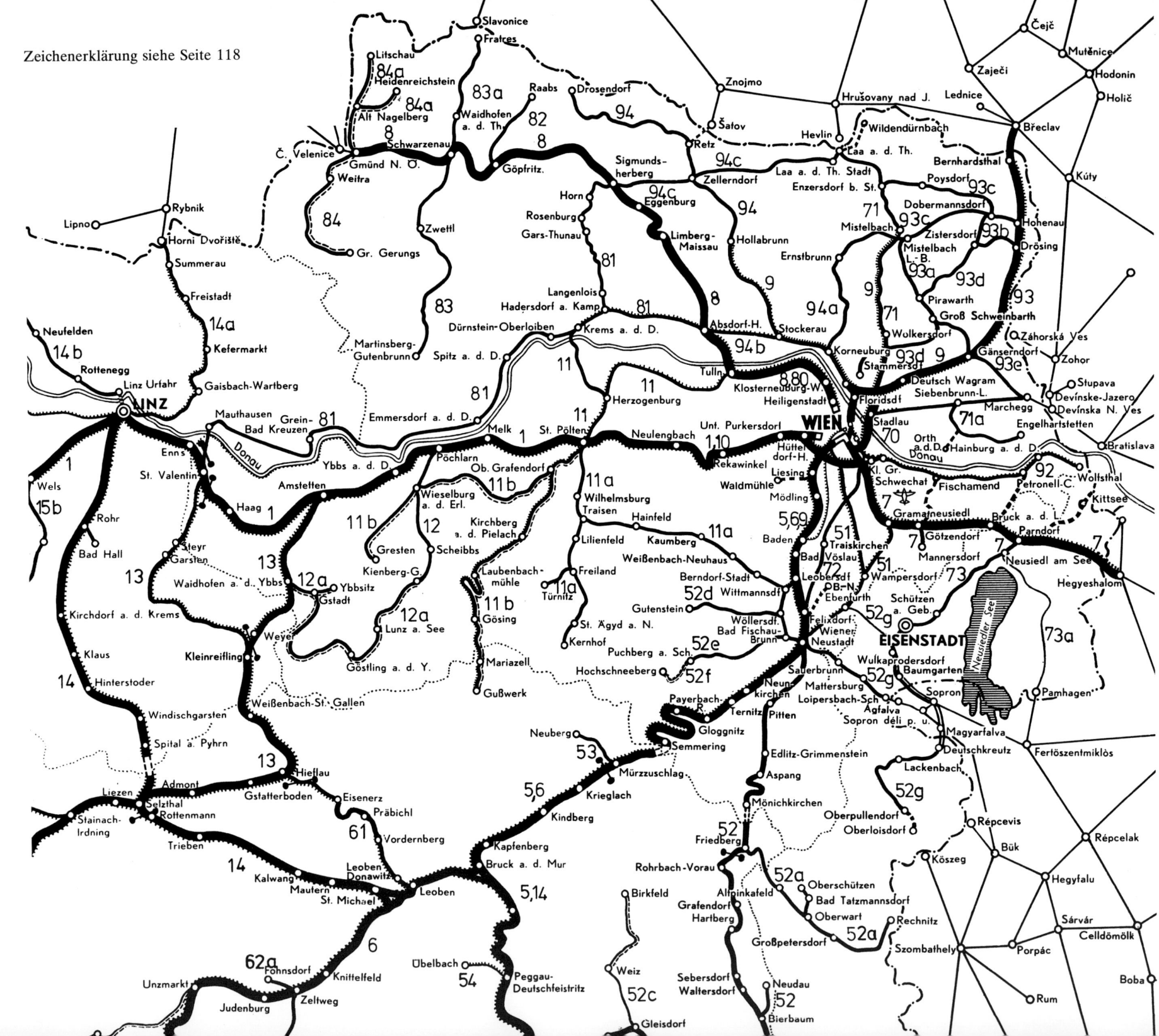

Direktion Wien – Niederösterreich, Wien, Burgenland

Der Triebfahrzeugbestand der Zugförderungsleitungen und -stellen
(Stand 30.6.1983)

Zfl Wien FJB	2062.34–42	= 9
	2143.40–44, 52–67	= 21
	4030.101–104	= 4
	4030.206–211, 236–240	= 11
	4030.304–306, 314	= 4
Zfst Gmünd	298.207	= 1
	399.01–06	= 6
	2067.38, 39, 51	= 3
	2091.02, 03, 09	= 3
	2092.04	= 1
	2095.06, 07, 12, 14	= 4
	2190.01	= 1
Zfst Krems	2045.01, 02, 05–07, 09–20	= 17
	2143.34–39	= 6
Zfl Wien Nord	1046.01–13	= 13
	2050.01–18	= 18
	2060.81–100	= 20
	2066.01	= 1
	2143.45–51, 68–77	= 17
	5042.03, 14, 15	= 3
	5144.01–05	= 5
Zfl Wien Ost	2062.49–65	= 17
	2067.80–111	= 32
	5145.01–16	= 16
Zfl Wien Süd	1042.663–707	= 45
	1044.01, 02, 61–70	= 12
	1046.25	= 1
	1062.01–12	= 12
	1063.01–04	= 4
	4010.01–07, 18–21	= 11
Zfst Mürzzuschlag	1040.01, 03–10	= 9
	1042.576–599	= 24
	2060.76–78	= 3
	2062.43–45	= 3
	5044.19, 21	= 2
Zfl Wien West	1042.575, 625, 627–662	= 38
	1044.37, 44–54, 56–60	= 17
	4010.22–29	= 8
	4030.201–205, 241–245	= 10
Zfst Amstetten	1040.02, 11–16	= 7
	1042.29–33	= 5
	1046.15–24	= 10
	2060.70, 79, 80	= 3
Zfl Floridsdorf	4020.06–73	= 68
	4030.216–235	= 20
Zfl Wiener Neustadt	2060.71–75	= 5
	2062.46–48	= 3
	2067.52–57	= 6
	2143.01–33	= 33
	5044.06, 17	= 2
	5046.108	= 1
	5046.201–207, 209–211	= 10
Zfst Puchberg	999.01–05	= 5
	999.101	= 1
Zfl St. Pölten	1099.01–14, 16	= 15
	2060.66–69	= 4
	2062.30–33	= 4
	2091.01, 04, 05	= 3
	2092.01, 03	= 2
	2093.01	= 1
	2095.11, 13, 15	= 3
	2190.03	= 1
	5046.212, 214–217	= 5
	5146.103, 107, 108	= 3
	5146.201, 202, 204–206	= 5
Zfst Waidhofen/Ybbs	2090.01	= 1
	2091.07, 08, 10–12	= 5
	2095.05, 08–10	= 4

Wien – Zentrum Österreichs – soll Ausgangspunkt unserer Bahnreise durch Österreich sein. Den Nahverkehr im Großraum Wien haben in den letzten Jahren mehr und mehr die Elektrotriebwagen der Reihe 4020 übernommen, von denen die Zugförderungsleitung (Zfl) Floridsdorf inzwischen 68 Einheiten beheimatet. Die Fahrzeuge kommen dabei auch über den engeren Bereich Wiens hinaus bis Hollabrunn im Weinviertel oder Payerbach-Reichenau am Fuße des Semmerings. Die Aufnahme oben zeigt den 4020.65 als S 24666 (Mödling – Leopoldau) beim Überfahren der Donaukanal-Brücke zwischen Wien Mitte und Wien Nord auf der Strecke 9 am 28. 3. 1983.

Rechts: In der Gegenrichtung – mit dem weltberühmten Wiener Wahrzeichen im Hintergrund – ist der 4030.231 (Zfl Floridsdorf) als R 7631 (Wien Nord – Wolfsthal) zu sehen (28. 3. 1983).

Linke Seite: Fast am Endpunkt der Strecke 92 von Wien nach Wolfsthal liegt Hainburg an der Donau, wo am 8.7.1983 der 4030.220 (der Steuerwagen trägt die Nummer 6030.220) den Personen-„Bahnhof" als Regionalzug 7620 (Wolfsthal – Wien Nord) verläßt. Diese Strecke ist neben der Verbindung Wien Süd – Stadlau – Hirschstetten-Aspern (Strecke 70) die Domäne der Floridsdorfer 4030.

Rechts: „Nahverkehr" ganz anderer Art leisten die zwölf Lokomotiven der Reihe 1062 der Zfl Wien Süd: Sie bewältigen einen Teil der Verschubaufgaben auf den großen Wiener Rangierbahnhöfen. Am 21.3.1983 zeigte sich die 1062.04 in ihrer Heimatdienststelle nach einer Hauptuntersuchung im strahlend neuen Farbkleid. Im Hintergrund warten sechs Loks der Reihe 1042 auf neue Einsätze.

Rechts: Die Nachfolger für die älteren Verschublokomotiven stehen schon in der Erprobung. Das Personal der Zugförderungsstelle (Zfst) Mürzzuschlag, wo die 1063.02 am 5.4.1983 zu Gast war, zeigte sich von dieser Lok so begeistert, daß es einen spontanen „Tausch" gegen eine seiner Loks der Reihe 1040 anregte.

Den Gesamtverkehr auf den Schneeberg bewältigen die Zahnrad-Dampflokomotiven der Reihe 999 der Zfst Puchberg. Die „jüngste" im Bunde der sechs zwischen 1893 und 1900 bei Krauss in Linz gebauten Maschinen hat auf dem Foto links bereits die 1397 m hoch gelegene Haltestelle Baumgartner erklommen, wo die Fahrgäste den Halt zum Wasserfassen zur Einkehr in der Jausenstation oder für ein Erinnerungsfoto nutzen. Die oben am Berg bereits erkennbare Elisabethkirche verdeutlicht eindrucksvoll die 398 Höhenmeter, die noch bis zum Endbahnhof zu bewältigen sind.

Links: Am Abend des 10. 7. 1983 präsentiert sich die 999.05 vor dem Heizhaus der Zfst Puchberg einsatzbereit für den nächsten Tag.

Rechte Seite: Während die Touristen die letzten Meter zum Gipfel des Schneebergs oder direkt ins ÖBB-eigene Berghotel zu Fuß zurücklegen müssen, können sich die Dampflokomotiven bis zur nachmittäglichen Rückfahrt erholen. So warten am Mittag des 10. 7. 1983 die 999.101, 999.02 und 999.05 auf ihre Fahrgäste, während die 999.04 (rechts im Bild) bereits die Rückfahrt angetreten hat.

Neben dem Schneeberg-Gebiet ist auch der Wechsel ein beliebtes Ausflugsziel der Wiener. Hier verläuft die Strecke 52 Wiener Neustadt – Aspang – Friedberg – Fehring – Graz, die besonders im Bereich Aspang – Friedberg zahlreiche Viadukte und Tunnel aufweist. Die Arbeit auf dieser nichtelektrifizierten Strecke teilen sich Grazer 2043 und Wiener Neustädter 2143 sowie Dieseltriebwagen der Reihe 5046 der Zfl Wr. Neustadt. Zwischen Dechantskirchen und Rohrbach-Vorau wurde am 27. 3. 1983 die 2043.36 (Zfl Graz) vor dem Regionalzug 4745 (Friedberg – Fehring) beim Passieren der Burg Thalberg fotografiert (oben).

Rechte Seite: Zu den wenigen Güterzügen, die diesen Abschnitt befahren, gehört der täglich verkehrende 70733 von Wiener Neustadt nach Friedberg, der meist die Unterstützung durch eine zweite Lokomotive erfordert. Am 27. 3. 1983 teilen sich die 2143.32 und die 2143.03 (beide Zfl Wr. Neustadt) die Arbeit, den Zug über die Steigung zwischen Aspang und Ausschlag-Zöbern zu ziehen.

Die 1848 bis 1854 durch Carl Ritter von Ghega erbaute Verbindung von Gloggnitz nach Mürzzuschlag über den Semmering ist nicht nur die älteste Gebirgsbahn Europas, sondern sicher auch eine der schönsten. Doch starke Steigungen (bis zu 25‰), aufwendig und kurvenreich trassierte Strecken mit vielen Kunstbauten vertragen sich nicht mit der Forderung nach schnellem und kostengünstigem Bahnbetrieb. So werden zur Zeit Pläne zum Bau eines langen Basistunnels erwogen, der zu einer erheblichen Verkürzung der Fahrzeiten in der Verbindung Wien – Graz/Klagenfurt beitragen soll. Noch aber bleibt den Reisenden das unvergleichliche Panorama einer Fahrt über die „alte" Semmeringbahn erhalten. Der Regionalzug 2905 (Wr. Neustadt – Graz) auf dem Foto oben hat mit seiner 1042 die Ruine Klamm und die Martinskirche in Klamm-Schottwien bereits passiert und fährt nun über den 149 m langen Wagnergraben-Viadukt Breitenstein entgegen (9.7.1983).

Nach Überfahren des 187 m langen und 46 m hohen Kalte-Rinne-Viadukts zwischen Breitenstein und Wolfsbergkogel bietet sich den Reisenden des Ex 251 „Ljubljana-Express" (Wien Süd – Rijeka) ein Blick zurück auf das Rax-Massiv. Zuglok auf dem Foto rechts ist am 10.7.1983 die 1044.62 der Zfl Wien Süd.

Noch fahren im Bereich der Direktion Wien interessante Dieseltriebwagen der Reihen 5042 und 5044. Links ist am 27.3.1983 der 5044.21 der Zfst Mürzzuschlag auf seiner Stammstrecke 53 (Mürzzuschlag – Neuberg) als R 2984 beim Halt in Kapellen zu sehen.

Der Wiener Neustädter 5044.06, der rechts abgebildet ist, dient dagegen nur noch als Reserve für die Triebwagen der Reihe 5046. Am 28.3.1983 wartet er als R 2832 in Oberpullendorf (Strecke 52g Wiener Neustadt – Sopron – Oberloisdorf) auf die Rückfahrt nach Wiener Neustadt.

Einer der drei letzten Triebwagen der Reihe 5042 der Zfl Wien Nord, der 5042.03, war am 22.3.1983 auf der Strecke 94a von Korneuburg nach Mistelbach Lokalbahn als R 7214 unterwegs. Aufnahme beim Halt in Würnitz-Hetzmannsdorf.

Linke Seite: Am 23. 3. 1983 hatte 5042.15 den R 7214 (Korneuburg – Mistelbach Lokalbahn) übernommen. Die Ruhe am Friedhof von Niederleis wird durch den gemächlich daherrollenden Zug kaum gestört.

Neben der Strecke 94a gehört auch die Verbindung 93d (Stammersdorf – Dobermannsdorf) zum Einsatzgebiet dieser Altbau-Triebwagen aus dem Jahre 1936. Eine der wenigen Kunstbauten auf dieser recht kargen Strecke ist der Straßen- und Bach-Durchlaß bei Loidesthal-Blumenthal, den am 23. 3. 1983 der 5042.03 als R 7412 (Stammersdorf – Hohenau) befährt (rechts).

Bei Ausfall der 5042 setzt die Zfl Wien Nord Triebwagen der Reihe 5144 als Ersatz ein, wie auf dem Foto rechts am 28. 3. 1983 den 5144.02 als R 7214, der soeben in den Bahnhof Würnitz-Hetzmannsdorf einläuft. Links im Bild wartet der 5145.02 der Zfl Wien Ost als R 7215 auf die Kreuzung. Die 16 Fahrzeuge dieser Reihe werden von der Zfl Wien Ost auf den Strecken im Weinviertel, Marchfeld und im nördlichen Burgenland eingesetzt.

Diese Doppelseite ist den 18 Lokomotiven der Reihe 2050 gewidmet, die von Wien Nord aus auf den Strecken nach Retz, Marchegg, im Großraum Wien, zwischen Gänserndorf und Mistelbach Lokalbahn sowie Hohenau und Břeclav zumeist vor Güterzügen verkehren.
2050.01 hat am 8. 7. 1983 den 61923 (Marchegg – Wien-Matzleinsdorf) bespannt, der auf dem Foto links soeben den Bahnhof Marchegg verläßt.

Links ist eine der wenigen Reisezugleistungen dieser Baureihe abgebildet. Bei der Ausfahrt mit dem aus zwei Zweiachsern bestehenden R 7315 (Mistelbach Lokalbahn – Gänserndorf) aus dem Bahnhof Gaweinstal an der Strecke 93 a am 13. 7. 1983 ist die 2050.08 wohl kaum überfordert.

Nördlich von Retz an der Strecke 94 besteht eine nur im Güterverkehr befahrene Verbindung nach Šatov in die Tschechoslowakei. Alle drei Zugpaare werden von Lokomotiven der Reihe 2050 befördert. Am 8. 7. 1983 hat der 63012 (Wien Nord Frachtenbahnhof – Šatov) mit der 2050.17 kurz nach Passieren der Kirche St. Jakob in Unterretzbach sein Ziel fast erreicht (rechts).

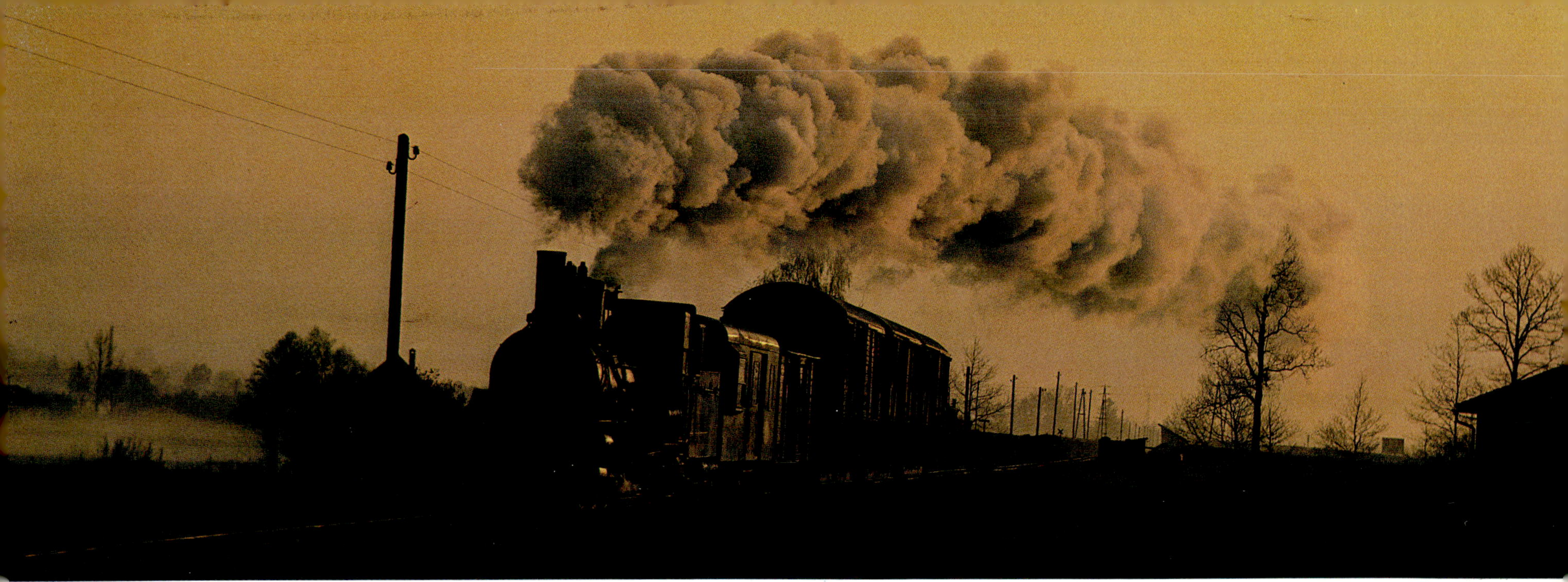

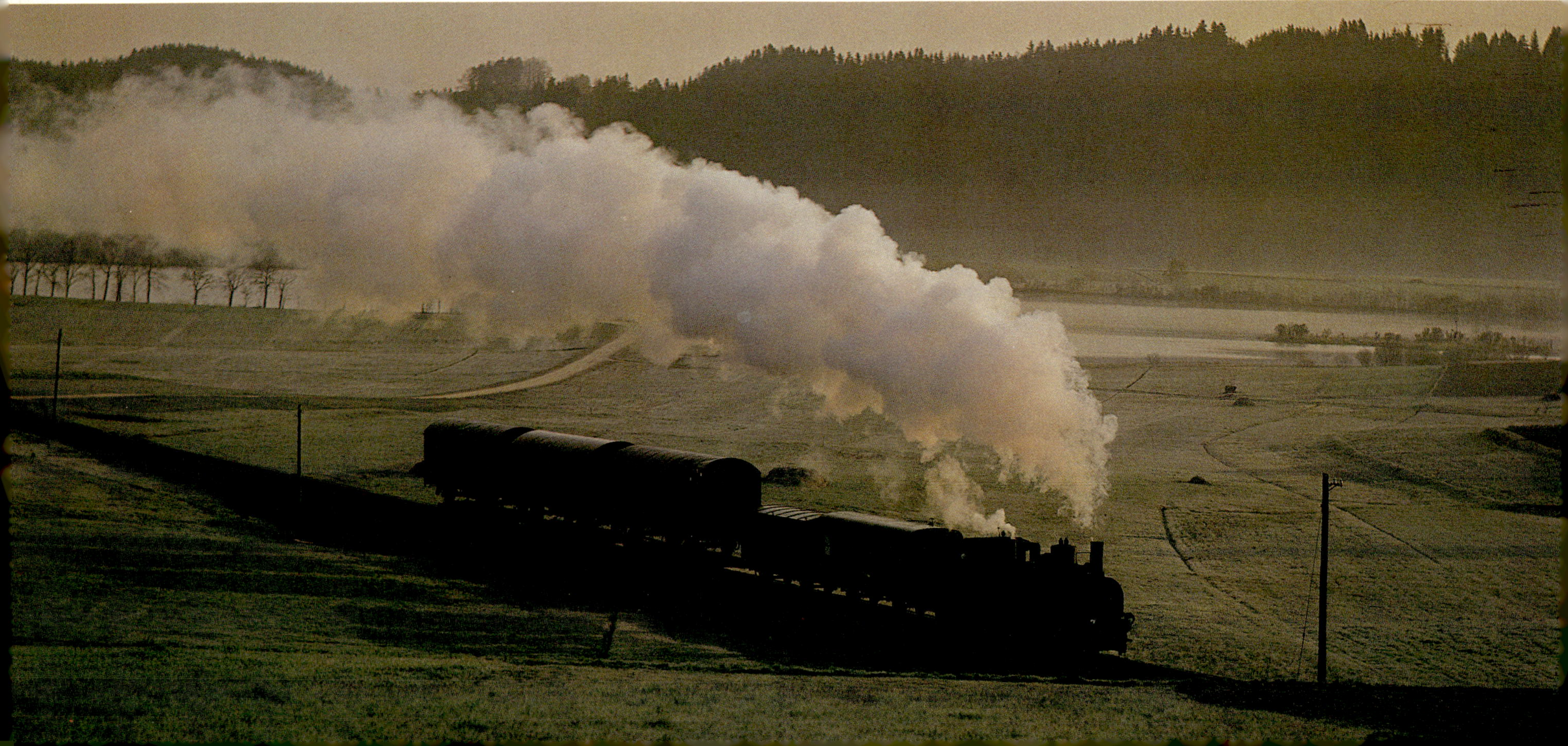

Die Fotos der Seiten 24 und 25 entstanden am 10. 5. 1979, wären so aber auch noch im Sommer 1983 möglich gewesen. Die Zfst Gmünd setzt die letzten Dampflokomotiven der Reihe 399 noch immer bei Mangel an Diesellokomotiven der Reihe 2095 vor Güterzügen auf den Strecken 84 nach Groß Gerungs und 84a nach Heidenreichstein ein. 399.05 hat um 5.05 Uhr den Bahnhof Gmünd mit dem 71441 verlassen und fährt nun über Dietmanns (S. 24 oben), Alt-Weitra (S. 24 unten) und Langfeld (S. 25) nach Groß Gerungs.

Linke Seite: Eine Attraktion im Waldviertel ist der Einsatz der Zweizylinder-Verbundlokomotive 298.207 an Wochenenden vor den beiden Reisezugpaaren nach Groß Gerungs. Am 24. 7. 1983 ist das blankgeputzte Schmuckstück der Gmünder Zugförderungsstelle mit dem dank Dampftraktion an diesem Tag vollbesetzten Regionalzug 6371 gerade im Haltepunkt Ehrendorf eingelaufen.

Oben: Montags bis freitags übernimmt eine der Loks der Reihe 2091 oder 2095 die Traktion der Reisezüge auf der Strecke 84 nach Groß Gerungs. Am 10. 5. 1979 war der R 6363 mit seinen fünf Wagen von der 2091.02 mit ihren 155 kW Leistung offensichtlich nicht allein zu befördern, so daß die 110 kW der 2190.01 zur Unterstützung herangezogen werden mußten. Die direkt anschließende Steigung von Alt-Weitra nach Weitra konnte so zügig überwunden werden.

Bedeutendstes Bauwerk auf der Strecke 83 von Schwarzenau nach Martinsberg-Gutenbrunn ist die Brücke in Zwettl. Während die Reisezüge dieser Strecke meist nur zwei bis drei Wagen aufweisen, ist das Güterzugpaar nach Martinsberg-Gutenbrunn eine lohnende Einnahmequelle für die ÖBB. Zuglok des 71415 (Martinsberg-Gutenbrunn – Schwarzenau) ist am 27. 7. 1983 die 2143.63, die zusammen mit 20 Schwestern von der Zfl Wien Franz-Josefs-Bahnhof den Gesamtbetrieb auf den Strecken 8 (Wien FJB – Gmünd), 83 (Schwarzenau - Martinsberg-Gutenbrunn) und 83a (Schwarzenau – Fratres) bewältigt.

Die 17 dieselelektrischen Lokomotiven der Reihe 2045 werden von der Zfst Krems auf den Strecken 94c (Sigmundsherberg – Laa a. d. Thaya), 82 (Göpfritz – Raabs) und 81 (Krems – Sigmundsherberg) eingesetzt. Dazu kommen zwei Güterzugpaare auf dem überaus reizvollen Streckenabschnitt von Krems nach St. Valentin. In Emmersdorf a. d. Donau überquert die Bahn auf einem hohen Viadukt den Ort, dessen Bahnhof die 2045.12 mit dem 71001 (St. Valentin – Krems) gleich erreichen wird (20. 7. 1982).

Ersatz für eine der sechs Kremser 2143, die sonst die lokbespannten Reisezüge auf der Strecke durch die Wachau befördern, war am 20. 7. 1982 die 2045.07, fotografiert bei der Ausfahrt mit dem R 6148 (Krems – Emmersdorf a. d. D.) aus dem 569 m langen Goldberg-Tunnel zwischen Krems und Stein-Mautern.

Auf der Strecke 81 zwischen Krems und St. Valentin wird seit Sommerfahrplan 1983 der Zugleitbetrieb erprobt, bei dem nur ein Fahrdienstleiter für den gesamten Zugbetrieb der Strecke zuständig ist und den Lokführern über Funk selektiv Anweisungen erteilen kann. Alle anderen Bahnhöfe sind in der Regel unbesetzt, durch die Ausrüstung mit Rückfallweichen können aber in den Bahnhöfen Zugkreuzungen abgewickelt werden. Bedingt durch diesen Versuch wurde das durchgehende Güterzugpaar 71000/001 (Krems – St. Valentin – Krems) in 71000/005 (Krems – Marbach Maria Taferl und zurück) sowie 71001/004 (St. Valentin – Persenbeug und zurück) geteilt.

Linke Seite: Bei St. Nikola-Struden zieht am 26. 7. 1983 die 2045.17 den 71004 durch den Strudengau.

Oben: Am frühen Morgen des 21. 7. 1982 hat die 2045.07 die damals ungeteilte Tagestour von Krems nach St. Valentin mit dem 71000 bei Dürnstein noch vor sich.

Linke Seite: Auf die Strecke 81 durch die Wachau gelangen auch Dieseltriebwagen der Reihe 5046, wie hier am 20. 7. 1982 der 5046.204 (damals Zfl Wien FJB, heute Zfl Wr. Neustadt), aufgenommen bei Spitz a. d. Donau mit dem R 6106 (Wien FJB – St. Valentin). Heute haben St. Pöltener 5046/5146 diese Leistungen übernommen.

Oben: Die sechs Kremser 2143 verrichten alle Dienste vor lokbespannten Reisezügen auf der Wachau-Strecke. Das Foto vom 29. 7. 1982 zeigt den R 6144 von Krems nach Emmersdorf a. d. Donau, der durch seine nur aus Triebwagen-Beiwagen gebildete Garnitur besonders besticht, vor der malerischen Kulisse von Schwallenbach.

Zurück zur Westbahn (Strecke 1, Wien – Linz – Salzburg). Während die meisten Züge der Westbahn von Lokomotiven der Reihen 1042 und 1044 gezogen werden, zeigt diese Doppelseite die für den Eisenbahnfreund interessanteren Triebfahrzeuge. Links: Auf dem 81 m langen Eichgraben-Viadukt präsentiert sich die rüstige Linzer 1018 aus dem Jahre 1939 neben dem längst ausgedienten Hanomag aus den fünfziger Jahren. Hinter der Lok laufen die beiden planmäßigen Kurswagen Budapest – Dortmund im E 644 (Wien – Innsbruck), der außer freitags (infolge höheren Zuggewichts) täglich mit 1018 bespannt wird.

Links: Eines der bekanntesten Fotomotive der Westbahn ist das imposante Benediktinerstift Melk, vor dem am 14. 7. 1983 ein außergewöhnlicher Zug zu sehen war: Die Überführungsfahrt der 1063.01 von der Zfl Wien Süd zur Zfl Innsbruck, wo sie sich im Bahnhof Hall i. T. im Verschub nützlich machen soll, erfolgte als Demonstrations-Lastfahrt für die an ihrer Entwicklung beteiligten Ingenieure vor dem Sonder-Güterzug 95390 (Penzing – Salzburg-Gnigl).

Rechte Seite: Viele Regionalzüge der Westbahn zwischen Wien und Linz werden von den Amstettener „Gepäckwagen" der Reihe 1046 befördert. Am 28. 7. 1982 hat die 1046.17 mit dem R 2016 (Wien West – St. Valentin) den Wiener Westbahnhof pünktlich um 14.05 Uhr verlassen, um endlich gegen 18.50 Uhr an Stadt Haag vorbeizurollen.

Die Zfl St. Pölten beheimatet eine Menge interessanter Schmalspurfahrzeuge. Absolute Rarität ist dort die dieselelektrische 2093.01 aus dem Jahre 1930, die bei Lokmangel noch für Verschub- und Baudienste herangezogen wird. Am 26. 7. 1983 gelangt sie auf die Mariazeller Bahn (Strecke 11b), wo Bauarbeiten im Großen Klausgraben-Tunnel stattfinden. Zwischen den Planzügen zieht sie ihre Fuhre über den 115 m langen Saugraben-Viadukt zum Bahnhof Annaberg.

Ansonsten wird das Bild der Mariazeller Bahn von den 15 Lokomotiven der Reihe 1099 geprägt, die zwischen 1909 und 1914 geliefert, zwischenzeitlich jedoch mit neuen Aufbauten versehen wurden. Die Strecke weist im Abschnitt Laubenbachmühle – Mitterbach eine Fülle von Brücken, Tunneln und Serpentinen auf, die diese Bahn in Verbindung mit der großartigen Alpenlandschaft zu einer der schönsten österreichischen Eisenbahnlinien machen. Links rollt die 1099.16 am 1. 8. 1982 mit dem R 6808 (Mariazell – St. Pölten) nach Verlassen des 375 m langen Kienbach-Tunnels über den Lassing-Kienbach-Viadukt vor Wienerbruck-Josefsberg. Rechts ist die 1099.08 mit ihrem R 6806 zwischen Erlaufklause und Wienerbruck-Josefsberg unterwegs (9. 7. 1983).

Einige Zuggarnituren bestehen noch aus Wagen in der alten braunen Lackierung. Oben durchfährt die 1099.12 mit dem R 6804 einen Einschnitt kurz hinter dem Bahnhof Erlaufklause (9. 7. 1983). Rechts schleppt die 1099.09 den R 6807 (St. Pölten – Mariazell) hinter Puchenstuben über den Sturzgraben-Viadukt dem Scheitelpunkt der Strecke im 2368 m langen Gösing-Tunnel entgegen. Leider können sich die ÖBB aus Kostengründen nicht dazu durchringen, die alten Natursteinviadukte originalgetreu zu restaurieren, so daß sich viele der schönen Viadukte im häßlichen neuen Spritzbetonkleid zeigen.

Auf der Strecke 11b (St. Pölten – Gresten) bespannen die St. Pöltener 2091 die leichten Reisezüge, während den 2095 die Beförderung der Güterzüge und GmP obliegt. Am frühen Morgen des 26.7.1983 hat die 2091.05 mit dem R 6872 (Gresten – Wieselburg) den Haltepunkt Hörhag verlassen und schlängelt sich nun im Tal der Kleinen Erlauf weiter (oben).

Rechte Seite: Zu den Leistungen der ebenfalls in St. Pölten beheimateten Dieseltriebwagen der Reihen 5046/5146 gehört auch die Bedienung der Strecke 12 (Pöchlarn – Kienberg-Gaming), wo sich am 25.7.1983 der 5146.201 als R 6912 nützlich macht. Aufnahme im Erlauftal zwischen Scheibbs und Neustift.

In Kienberg-Gaming besteht Anschluß an die Züge der schmalspurigen Ybbstalbahn nach Waidhofen (Strecke 12a), die von Loks der Reihe 2095 der Zfst Waidhofen/Ybbs bedient wird. Auf dem Foto links strebt die 2095.10 mit dem Gegenzug R 6975 dem Halt in Kasten kurz vor Lunz am See entgegen.

Rechts: Die 2095.08 hat am 26.7.1983 den Zug aus Pöchlarn (vergleiche S.41) abgewartet und brummt nun mit ihrem R 6976 (Kienberg-Gaming – Göstling a.d. Ybbs) über den abenteuerlichen Hühnernestgraben-Viadukt zwischen Gaming und Pfaffenschlag.

Linke Seite: Vor der malerischen Kulisse von Waidhofen/Ybbs befährt die 2091.07 den Schwarzbach-Viadukt mit dem R 6961 nach Ybbsitz. Auf dieser kurzen Stichstrecke der Ybbstalbahn finden die Waidhofener 2091 ihr Betätigungsfeld.

Rechts: Den Verschub im Schmalspurbahnhof Waidhofen besorgt die 2090.01 (Baujahr 1930), die sich hier am 26. 3. 1983 neben ihrer großen Schwester 2095.10 vor dem Heizhaus der Zugförderungsstelle dem Fotografen stellt.

Nördlich von Waidhofen liegt Amstetten an der Westbahn. In der dortigen Zugförderungsstelle sind sieben Elektrolokomotiven der Reihe 1040 beheimatet, die vor Verschubgüterzügen auf Teilstücken der Westbahn Dienst tun. Am Abend des 31.3.1983 führt die 1040.12 den 70049 (Haag – Amstetten) nach St. Peter-Seitenstetten (rechts).

Die einzigen Leistungen der Reihe 1040 auf landschaftlich reizvollen Strecken kann man im Raum Waidhofen beobachten. Am 7. 7. 1983 übernahm die 1040.11 den Tag 2 des Amstettener 1040-Umlaufs, der sie frühmorgens mit dem 71502 von Amstetten nach Waidhofen gebracht hat. Pünktlich um 8.10 Uhr geht es nun mit dem 71503 (Waidhofen – Hilm-Kematen) über die Ybbsbrücke kurz hinter Waidhofen. Nach Rückkehr mit dem 71506 nach Waidhofen steht die Übergabe 80036 nach Oberland auf dem Programm (Foto rechts, kurz hinter Waidhofen).

Linke Seite: Die Regionalzüge im Abschnitt Amstetten – Selzthal der Strecke 13 gehören zum Aufgabenbereich der Amstettener 1046. Am Abend des 1.8.1982 verläßt die 1046.20 Waidhofen/Ybbs mit dem R 3530 nach Kleinreifling.

Weyer wird zweimal am Tag von GmP aus Kleinreifling angefahren, die mit 1245 der Zfst Selzthal bespannt sind. Auf der Rückfahrt in den Bahnknotenpunkt an der Enns passiert die 1245.07 mit dem 76132 den aufgelassenen Bahnposten 28 kurz hinter Weyer (oben, 26.7.1983).

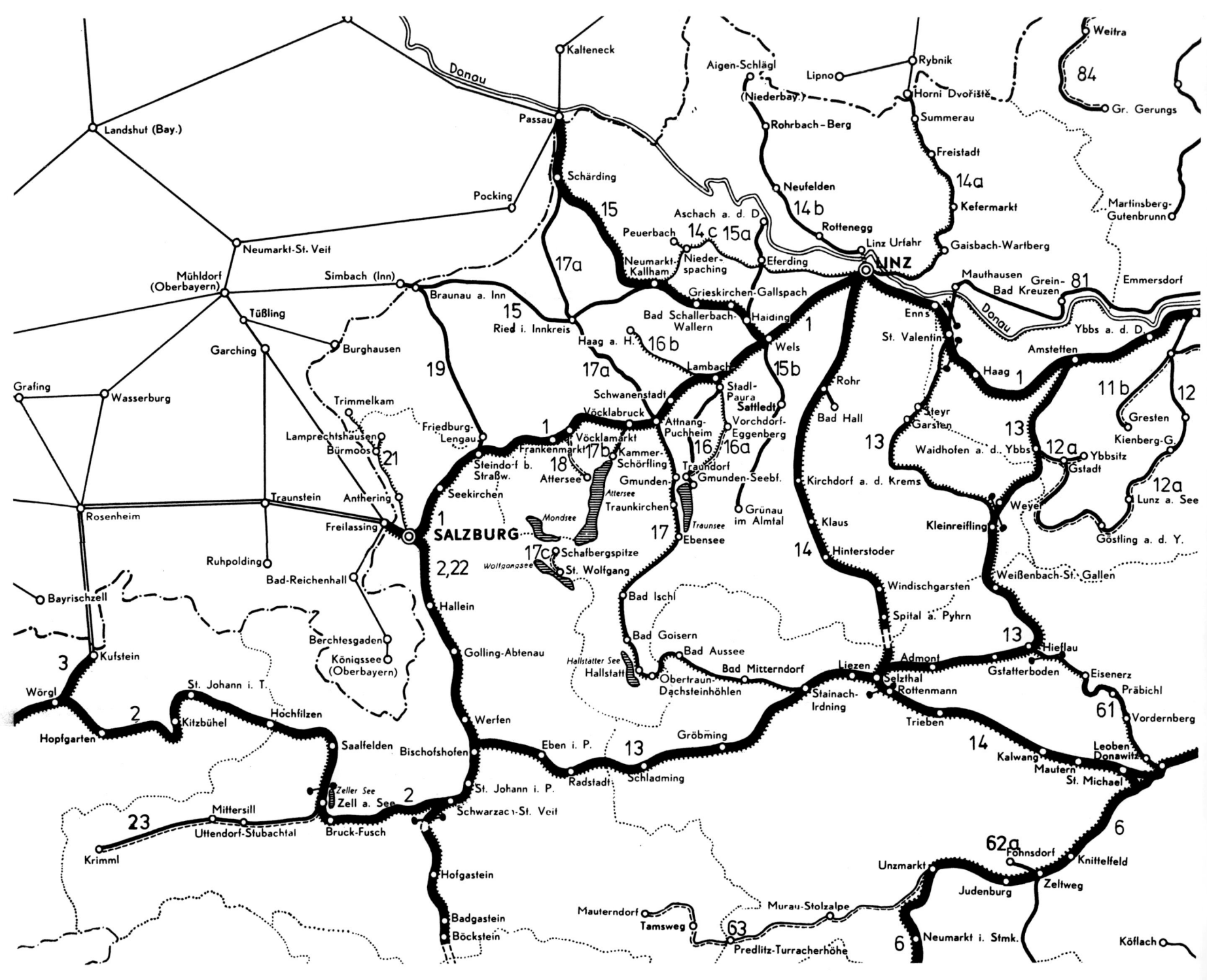

Direktion Linz – Oberösterreich, Salzburg, Nördl. Steiermark

**Der Triebfahrzeugbestand der Zugförderungsleitungen und -stellen
(Stand 30.6.1983)**

Zfl Attnang-Puchheim	1041.01–04, 08–15, 17–19, 22–25	= 19		Zfl Salzburg	1010.01–20	= 20
	1141.01, 02, 04–08, 20, 23–26	= 12			1020.01, 02	= 2
	1045.04, 06, 07, 09, 12, 14	= 6			1042.606–619	= 14
	1145.02	= 1			1044.03–29, 31	= 28
	1080.08, 09, 11–15, 17, 19	= 9			1067.02–04	= 3
	2060.28–32	= 5			1161.19–22	= 4
					2060.42–45	= 4
Zfst St. Wolfgang	999.102–106	= 5			2062.08	= 1
	5099.01, 02	= 2			2067.17–23	= 7
Zfl Linz	1018.01–05, 07, 08	= 7		Zfst Bischofshofen	1041.05–07, 16, 20, 21	= 6
	1118.01	= 1			1141.03, 17, 22, 27–30	= 7
	1042.34–60	= 27			1042.600–605	= 6
	1042.555–574	= 20			1161.17, 18	= 2
	1067.05	= 1			2060.37–39	= 3
	1141.09–16, 18, 19, 21	= 11				
	2043.17, 21, 39, 53, 54, 59–61	= 8		Zfst Zell am See	2092.02	= 1
	2060.16–24	= 9			2095.01–04	= 4
	2062.01–07	= 7				
	2067.24–37	= 14		Zfl Wels	2043.18–20, 22–25, 40–42, 49–52, 63	= 15
	4030.212–215, 246	= 5			2060.33–36	= 4
Zfst Selzthal	1067.01	= 1			2062.09	= 1
	1080.01–04, 06, 07	= 6			2067.67–79	= 13
	1245.02, 05, 07, 08	= 4			5081.14, 20–22, 51–57, 59	= 12
	1245.509	= 1				
	2060.25–27, 40, 41, 46	= 6				

◀ Zeichenerklärung siehe Seite 118

Kleinreifling im Ennstal bietet nicht nur landschaftliche Reize, auch die Vielfalt der hier verkehrenden Triebfahrzeuge ist beachtlich. Kurz nach 9 Uhr morgens findet ein Treffen einer 1080 aus Attnang-Puchheim (76159 St. Valentin – Kleinreifling) mit einer 1245 aus Selzthal (76138 Kleinreifling – Weißenbach-St. Gallen) statt (Foto oben, 22. 7. 1982). Am Nachmittag des 29. 7. 1982 wartet die Linzer 1118.01 mit dem R 3618 auf die Rückfahrt nach Linz, während die 1046.24 der Zfst Amstetten mit dem R 3517 Richtung Heimat fährt (unten).
Die beiden Fotos auf der rechten Seite zeigen die Ennsbrücke zwischen Weyer und Kastenreith (Strecke 13), links mit 1245.07 (Zfst Selzthal) vor GmP 76130 am 26. 3. 1983, rechts mit 1046.13 vor R 3530 am 21. 7. 1982.

Linke Seite: Der morgendliche Nebel im Ennstal hat sich gerade gelichtet, als die Attnanger 1080.15 am 22.7.1982 vor ihrem 76159 (St. Valentin – Kleinreifling) mit weithin vernehmbarem Fahrgeräusch über die Mündung des Reichraming-Baches in die Enns heult.

Im Sommer 1982 bestanden einige Regionalzüge auf dieser Strecke noch aus zweiachsigen Plattformwagen, wie hier der R 3645 (St. Valentin – Kleinreifling) mit der Linzer 1042.42 bei Großraming am 29.7.1982.

Der durchgehende Güterverkehr auf der Ennstal-Strecke ist fest in der Hand der Linzer 1042. Auch der 65152 (Graz – Linz Vbf Ost), oben fotografiert am 22. 7. 1982 mit der 1042.573 bei Großraming, macht da keine Ausnahme.

Rechte Seite: Einzige Leistung der Linzer 1018/1118 auf der Strecke 13 ist montags bis freitags das Regionalzugpaar 3617/3618 (St. Valentin – Kleinreifling – St. Valentin). Am 29. 7. 1982 führt die 1118.01 den R 3618 durchs Ennstal bei Ternberg.

Neben den Linzer 1042 gelangen im Güterverkehr auch Salzburger Triebfahrzeuge auf die Strecke 14a (Linz – Summerau). Oben rollt die 1010.11 mit dem 44075 (České Třebová – Linz Vbf Ost) zwischen Kefermarkt und Selker talwärts.

Nach Umbeheimatung der letzten vier Salzburger 1020 nach Innsbruck sind diese Loks im Mühlviertel nicht mehr anzutreffen. Noch am 31. 3. 1983 hat die 1020.03 den überlangen 44030 (Villach West – České Budejovice) in Wels übernommen und bezwingt nun (Foto rechts) die Steigung hinter Freistadt in Richtung Summerau.

Die 19 Loks der Reihe 1041 der Zfl Attnang-Puchheim verkehren hauptsächlich auf der Strecke 17 (Attnang-Puchheim – Stainach-Irdning) vor allen Güter- und einigen Reisezügen. So führt am 30. 3. 1983 die 1041.13 den R 3432 bei Obersee am Ufer des Hallstätter Sees entlang.

Bei den Reisezugleistungen werden die 1041 durch die zwölf Lokomotiven der Reihe 1141 der Zfl Attnang-Puchheim unterstützt. Den Reisenden des R 3403 (Stainach-Irdning – Linz) mit der 1141.04 bietet sich kurz nach Verlassen des Bahnhofs Obersee ein letzter Ausblick auf die imposanten Gipfel im Dachsteingebiet (30.3.1983).

Planloks des E 503 „Erzherzog Johann" (Stainach-Irdning – Wien) sind seit Jahren die Linzer 1018. Am 30.3.1983 passiert der Erzherzog mit 1018.02 den Traunsee bei Traunkirchen (oben).

Rechte Seite: Ein Tag im Attnanger 1045-Umlauf bringt eine Lok dieser Reihe ins Salzkammergut, wo sie nachmittags das Verschubgüterzugpaar 75754/75755 (Ebensee – Steeg-Gosau – Ebensee) bespannt. Die Aufnahme vom 30.3.1983 zeigt die 1045.04 mit der Hinleistung 75754 bei Lauffen.

Vorbei sind die Einsätze der Attnanger „Krokodile" der Reihe 1189. Wenige Tage vor ihrer Kassierung unterstützt die 1189.09 am 4. 5. 1979 noch die 1041.11 bei der Beförderung des 75811 (Ebensee – Attnang-Puchheim) bei Traunkirchen (oben).

Rechte Seite: Wie viele Eisenbahn-Fotografen haben sich nicht schon über die unvermeidliche Wolke vor der Sonne geärgert, die im „rechten" Moment das schönste Foto zunichte machen kann. Doch manchmal verhilft der Zufall auch zu einer „Theaterbeleuchtung", die hier am 5. 5. 1979 bei Traunkirchen den R 3441 (Bad Aussee – Attnang-Puchheim) mit seiner 1141.23 in Szene setzt.

Links: Der erwähnte „Salzkammergut-Umlauf" der Attnanger 1045 enthält auch zwei Güterzugpaare zwischen Ebensee und Gmunden (75835 / 75828 / 75829 / 75836). Am 28. 7. 1983 leistet die 1045.14 der 1041.22 (beide Zfl Attnang-Puchheim) Vorspann vor dem 75836 (Gmunden – Ebensee; zwischen Traunkirchen und Traunkirchen Ort).

Gut vier Jahre früher, am 4. 5. 1979, schafft es die 1041.22 allein: 75810 (Attnang-Puchheim – Ebensee) zwischen Traunkirchen und Ebensee (oben).

Neben Verschubleistungen in Vöcklabruck, Bad Aussee, Neumarkt-Kallham und Wels wird auch im Bahnhof Schärding (Strecke 15 Passau – Wels) eine 1045 für Verschubaufgaben vorgehalten. Nachmittags bedient sie mit der Übergabe 82587 den Anschluß der Granitwerke bei Allerding. Die Tagesproduktion, die die 1045.09 am 16.7.1982 am Zughaken hat, ist recht beachtlich.

Nordwestlichster Wendepunkt der Amstettener 1046 ist Passau. Die 1046.24 hat mit dem R 3303 (Passau – Linz) bei Wernstein soeben wieder österreichischen Boden unter den Rädern (Foto: Bernd Eisenschink, 23. 4. 1982).

Dieseltriebwageneinsätze im Bereich der Direktion Linz beschränken sich auf die zwölf Schienenbusse der Reihe 5081 der Zfl Wels und die beiden 5099 der Zfst St. Wolfgang. Dabei bedienen die Welser 5081 die Strecken zwischen Innviertel, Welser Heide und Almtal (15, 15a, 15b, 16, 17a und 19). Oben: Am Einfahrt-Formsignal des Bahnhofs Ottnang-Wolfsegg rollt am 28. 7. 1983 der 5081.21 als R 3490 vorbei.

Rechte Seite: Die beiden 5099 bewältigen alle planmäßigen Züge auf der schmalspurigen Zahnradbahn St. Wolfgang – Schafbergspitze. Schon von der Zwischenstation Schafbergalpe in 1365 m Höhe, die hier am 23. 7. 1983 gerade der 5099.01 erreicht hat, bietet sich den Reisenden an klaren Tagen ein beeindruckender Ausblick ins Salzkammergut.

Um dem Andrang an schönen Sommertagen gerecht zu werden, hält die Zfst St. Wolfgang zusätzlich fünf Dampflokomotiven der Reihe 999.1 bereit. Hochbetrieb herrscht am 23.7.1983 im Bahnhof Schafbergalpe, wo die bergwärts fahrenden 999.105 und 999.104 mit 999.106, 999.103 und 5099.02 kreuzen.

Rechte Seite: Bis zum Erreichen der Gipfelstation in 1730 m Höhe muß die 999.106 auf knapp zwei Kilometer Fahrtstrecke noch 360 m Höhenunterschied überwinden; die Steigung beträgt bis zu 260 ‰. Schafbergalpe, 23.7.1983.

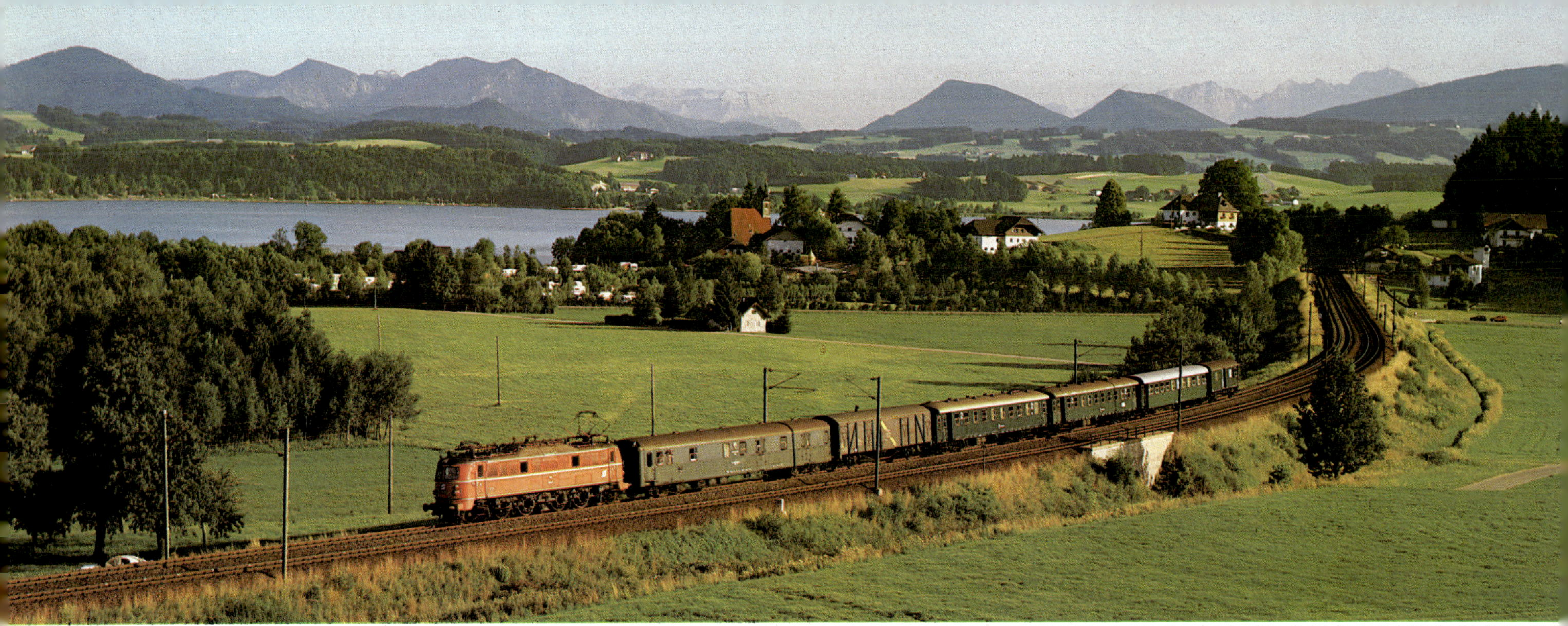

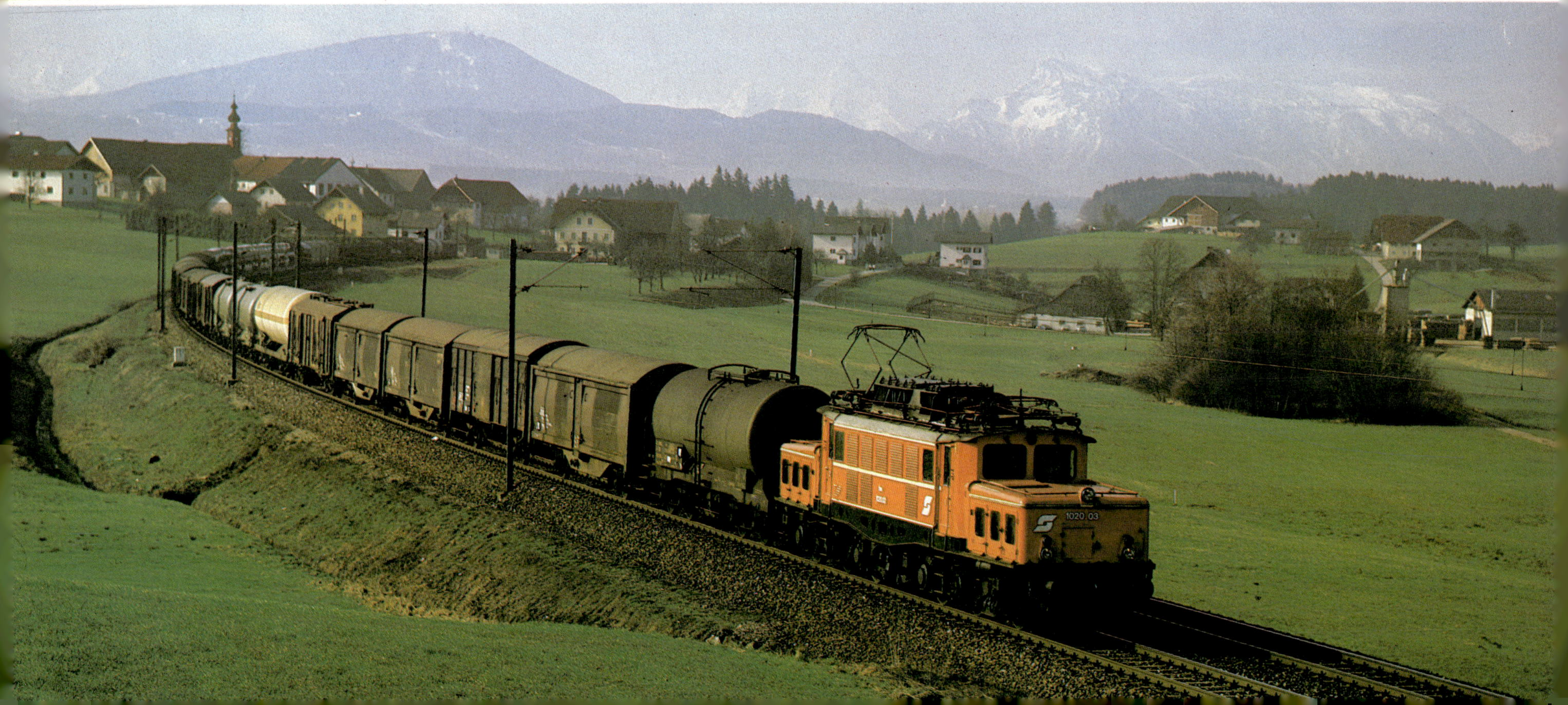
1020.03

Linke Seite oben: Nördlich von Salzburg führt die Westbahn nach Wien (Strecke 1) am Wallersee entlang durchs Voralpenland. Hier, im Abschnitt Salzburg – Linz der Westbahn, werden etliche Regionalzüge noch mit Linzer 1018 gefahren, wie freitags der R 3009 (Salzburg – Linz) mit der 1018.07 (22.7.1983).

Linke Seite unten: Einige Kilometer weiter nördlich schleppt am 31.3.1983 die (damals noch) Salzburger 1020.03 den 65447 (Buchs SG – Wels Vbf), den sie in Salzburg übernommen hat, bei Weng durch den Flachgau. Nach längerer Mittagspause wird es dann weiter nach Summerau gehen (vergleiche S. 59).

Oben: Dominierend auf der Westbahn sind jedoch die Loks der Reihen 1042 und 1044, die hier am 31.3.1983 gemeinsam die Beförderung des E 743 (Salzburg – Wien) übernommen haben. Aufnahme mit 1044.16 (Zfl Salzburg) und 1042.57 (Zfl Linz) als Ersatz für die planmäßige 1018 zwischen Salzburg-Maria Plein und Hallwang-Elixhausen.

Linke Seite: Eines der meistbefahrenen Streckenstücke der ÖBB ist der Abschnitt Salzburg – Schwarzach-St. Veit im Verlauf der Strecken 2 (Salzburg – Innsbruck) und 22 (Salzburg – Villach). Nach Verlassen des 940 m langen Ofenauer Tunnels zwischen Golling-Abtenau und Sulzau überquert der von der Bischofshofener 1141.17 gezogene 76012 (Salzburg-Gnigl – Bischofshofen) am 22.7.1983 die Salzach.

Unterhalb von Schloß Hohenwerfen liegt der Bahnhof Werfen an der Salzach, den am 22.7.1983 der von der Villacher 1043.06 gezogene 44053 (Salzburg-Gnigl – Tarvisio – Pontebba) durchfährt (oben).

Freitags wird das Regionalzugpaar 5016/5017 (Salzburg – Zell am See – Salzburg) statt mit Bischofshofener 1042 mit einer Linzer 1018 bespannt. Am 11. 3. 1983 spiegelt sich die 1018.05 in der aufgestauten Salzach bei Gries im Pinzgau. (Foto: Bernd Eisenschink)

Rechte Seite: Interessant ist die Trassierung der Strecke 2 (Salzburg – Innsbruck) im Abschnitt Lend – Kitzlochklamm, wo die beiden Richtungsgleise dieser Strecke aufgrund der beengten Lage im Salzachtal mehrmals getrennt voneinander geführt werden. Die 1044.21 der Zfl Salzburg hat mit dem R 5008 (Salzburg – Innsbruck) am 21. 7. 1983 diesen Abschnitt gerade hinter sich gelassen und wird nun in Kürze im Haltepunkt Kitzlochklamm einlaufen.

Winter im Salzachtal: Oben verläßt die 1042.546 der Zfl Graz am 29. 12. 1980 mit dem D 162 „Dachstein" (Graz – Innsbruck) Lend.

Rechte Seite: Der E 643 (Bregenz – Wien) überquert mit seiner 1042.503 (Zfl Graz) die Salzach zwischen Eschenau und Lend (29. 12. 1980).

Linke Seite: Der Grazer 4010.12 schiebt seinen Ex 111 „Ennstal" (Innsbruck – Graz) am 3.8.1982 in das drohende Sommergewitter über Eben im Pongau. Neben dem Ex 111 werden auch der Gegenzug Ex 110, das Zugpaar Ex 114/115 „Hohensalzburg" (Graz – Salzburg – Graz) und der Ex 117 „Karl Böhm" (Salzburg – Graz) von Grazer 4010 gebildet.

Nur von Frühaufstehern ist der Verschubzug 82722 (Wörschach-Schwefelbad – Stainach-Irdning) zu erleben, der am 21.9.1982 von der Selzthaler 1080.02 durchs Ennstal gezogen wird. (Foto: Bernd Eisenschink)

Links: Einen geringen Umfang hat der Güterverkehr über die Pyhrnbahn Linz – Selzthal (Strecke 14), da die durchgehenden Güterzüge, aufgrund der geringeren Steigung der Enns folgend, den Umweg über St. Valentin – Kleinreifling – Hieflau in Kauf nehmen. So verkehrt der 67233 (Linz Vbf Ost – Graz Vbf), aufgenommen am 29.7.1982 mit der Linzer 1042.557 unterhalb der Benediktinerabtei Kremsmünster, nur bei Bedarf.

Vor Reisezügen dominieren die Loks der Reihe 1141 der Zfl Linz. Die 1141.22, die noch am 2.8.1982 vor dem R 3905 (Linz – Selzthal) kurz vor Windischgarsten fotografiert wurde, fährt inzwischen bei der Zfst Bischofshofen (links).

Rechte Seite: Das für Eisenbahnfreunde interessanteste Zugpaar der Pyhrnbahn, der Verschubgüterzug 75558/75559 (Selzthal – Klaus – Selzthal) wird montags bis freitags von der Zfst Selzthal mit einer Lok der Reihe 1080 oder 1245 bespannt. Am 2.8.1982 hat die 1080.02 mit dem 75558 gerade das Einfahrtsignal Windischgarsten passiert.

Rückleistung ist der 75559, der am 30.7.1982, gezogen von der 1080.03, kurz hinter Klaus an der Steyr entlangrollt (oben).
Rechte Seite: (Un-)Glücklicherweise erlitt die 1080.03 an diesem Tag unterwegs einen Schaden, so daß der Zug in Spital a. Pyhrn von der Innsbrucker 1020.28, die gerade in Selzthal mit ihrem 69254 (St. Michael–Wörgl) Kopf machte, abgeschleppt werden mußte. Das Foto zeigt das Gespann beim Verlassen des 4767 m langen Bosruck-Tunnels zwischen Linzerhaus und Ardning.

Linke Seite: Selten geworden sind grüne Lokomotiven in Österreich. Für den Eisenbahnfotografen hat das neue Farbkonzept der ÖBB entscheidende Verbesserungen gebracht, hebt sich doch der bildwichtigste Teil – die Lokomotive – durch die Lackierung in RAL 2002 „Blutorange" von jedem Hintergrund hervorragend ab.
Um den beschwerlichen Transport des Eisenerzes über die Erzbergbahn Eisenerz – Vordernberg (Strecke 61, vergleiche S. 95) zu umgehen, fahren bis zu drei Züge täglich von Eisenerz über Selzthal nach Leoben-Donawitz. Am 11. 7. 1983 verkehrte der Bedarfszug 67552 mit der Knittelfelder 1042.26 und der Linzer 1042.60 als Nutzvorspann durchs Gesäuse.

Oben: Einzige Leistung der Salzburger 1010 auf der Strecke 13 ist der 76113 (St. Valentin – Selzthal), der sich am 27. 7. 1983 mit der 1010.15 im Bahnhof Gesäuse Eingang präsentiert.

Immer wieder fotogen ist die Eisenbahn im Ennstal, wo sich am 7.7.1983 zwischen Landl und Großreifling die Linzer 1042.572 vor dem 65254 (Eisenerz – Linz Stahlwerke) nützlich macht.

Rechte Seite, links: Die Amstettener 1046.16 wird mit ihren drei Wagen des R 3512 (Amstetten – Selzthal) in Kürze Hieflau erreichen.

Rechte Seite, rechts: Mit dem 76139 (Weißenbach-St. Gallen – Kleinreifling), am 22.7.1982 geführt von der Selzthaler 1245.02, schließt sich der Kreis unserer Rundfahrt durch die Direktion Linz (vergleiche S. 52).

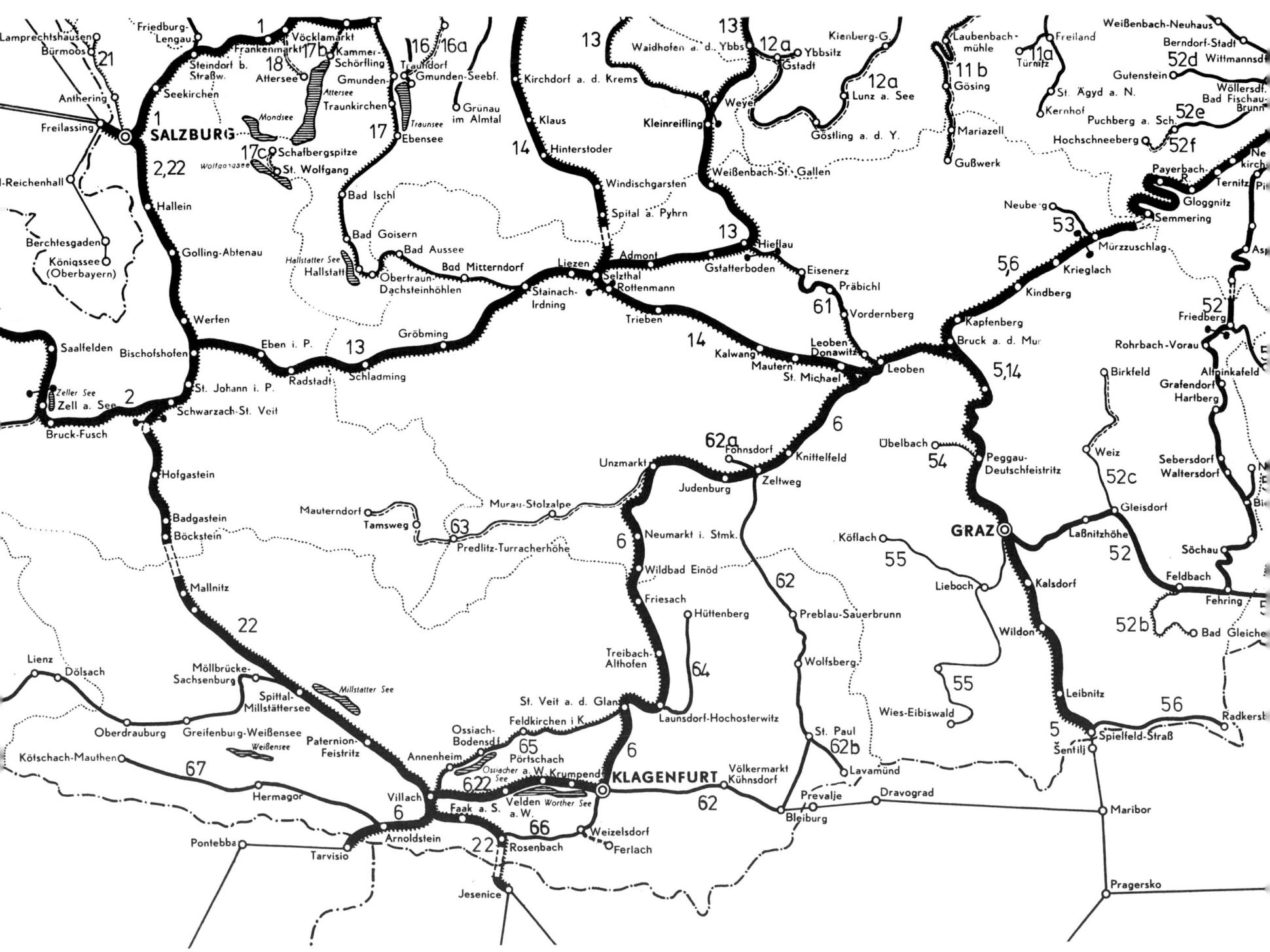

Direktion Villach – Steiermark, Kärnten, Osttirol

Der Triebfahrzeugbestand der Zugförderungsleitungen und -stellen (Stand 30.6.1983)

Zfl Graz	1042.501–506, 508–520, 531–554	= 43
	2043.26–38	= 13
	2060.60–65	= 6
	2062.21–24	= 4
	2067.10–16, 47–50	= 11
	4010.08–17	= 10
	5044.11	= 1
	5046.213	= 1
	5081.02, 03	= 2
Zfl Knittelfeld	1042.19–28	= 10
	1245.522–525, 527–531, 533, 534, 536–538, 540, 541	= 16
	2043.01–16	= 16
	2060.54–59	= 6
	2062.15–20	= 6
	2067.40–46	= 7
	5081.01, 11, 13, 15–17, 19	= 7
Zfst Vordernberg	2043.555–558	= 4
	5081.560–565	= 6
Zfl Villach	1020.18–27	= 10
	1042.01–18	= 18
	1042.620–624, 626	= 6
	1043.01–10	= 10
	1044.39–42	= 4
	1161.07, 08, 10–13, 15	= 7
	1245.512–514, 516–521	= 9
	2060.47–53	= 7
	2062.10–14	= 5
	2067.01–09	= 9
	2180.01	= 1
	4030.317, 319, 320	= 3
	4130.01, 02, 04	= 3
Zfst Lienz	2043.43–48, 62, 64–71, 73–77	= 20
	2062.29	= 1

Linke Seite: Das Eisenerz vom österreichischen Erzberg wird in den Stahlwerken in Linz und Leoben-Donawitz verarbeitet. Der kürzeste Weg vom Erzberg nach Donawitz über Präbichl – Vordernberg (Strecke 61) ist zugleich der beschwerlichste. Seit Aufgabe des Zahnradbetriebs mit Dampflokomotiven im Jahre 1978 bewältigen die vier Vordernberger 2043.5 zusammen mit den sechs Schienenbussen der Reihe 5081.5 die Höchstneigung der Strecke von 71‰ im reinen Adhäsionsbetrieb.
Am 11.7.1983 quälen sich die 2043.555 und die 2043.557 mit den vier beladenen Erzwagen des 79912 (Erzberg – Präbichl) zum 1206 m hoch gelegenen Scheitelpunkt der Strecke im Präbichl-Tunnel hinauf.

Oben: Ab Vordernberg geht es elektrisch weiter: Vor der Kulisse der Eisenerzer Alpen rollt am 11.7.1983 die Knittelfelder 1245.522 mit dem 79906 (Eisenerz – Leoben-Donawitz) zu Tal.

Neben den bereits erwähnten Schienenbusleistungen auf der Erzbergbahn (links. 5081.564 als R 4113 Leoben – Vordernberg am 11. 7. 1983 zwischen Hafning und Friedauwerk) verkehren im Bereich der Direktion Villach noch zwei Grazer 5081 auf der Strecke 52 im Abschnitt Fehring – Szentgotthárd sowie sieben Knittelfelder 5081 auf den Strecken 62, 62 a, 62 b, 64 und 66. Zwischen Spielfeld-Straß und Bad Radkersburg (Strecke 56) setzt die Zfl Graz inzwischen ihren 5046.213 ein. Reserve ist der 5044.11, der am 17. 7. 1982 (oben, in Purkla) noch „Alleinherrscher" auf dieser Strecke war.

Nicht nur die bekannten Kärntner Seen laden zum Baden ein. Abseits vom großen Trubel liegt der Furtner-Teich zwischen Neumarkt i.d. Steiermark und Mariahof, den am Nachmittag des 24. 7. 1982 die 1042.674 (Zfl Wien Süd) mit ihrem Güterzug passiert (links).

Links unten: Selten geworden sind Vorspannleistungen der Knittelfelder 1245 vor Güterzügen über den Neumarkter Sattel im Verlauf der Strecke 6 zwischen Unzmarkt und Neumarkt. Nur durch Zufall gelang am 24. 7. 1982 das Foto von der 1245.541 vor der Grazer 1042.501 mit dem 68313 (Wien-Matzleinsdorf – Villach West) beim Lambachwirt zwischen Scheifling und Mariahof.

Rechte Seite: Im Sommer 1982 gelangten Innsbrucker 1020 mit den Güterzügen 43657/69254 über Bischofshofen – Selzthal bis Bruck a.d. Mur. Die 1020.08 hat am 3. 8. 1982 den Heimweg angetreten und schleppt gerade ihren 69254 (St. Michael – Wörgl) an der Kirche von Unterwald vorbei über die Strecke 14 in Richtung Wald am Schoberpaß (vergleiche S. 87).

Ansonsten wird auch das Bild der Strecke 6 (Wien Süd – Klagenfurt – Villach – Tarvisio) von den Triebfahrzeugen der Reihen 1042, 1044 und 4010 geprägt. Links rauscht der 4010.02 (Zfl Wien Süd) als Ex 134 „Belvedere" (Villach – Wien Süd) über die Brücke kurz hinter St. Veit a. d. Glan (25. 7. 1982), oben ziehen die 1044.68 und die 1042.701 (beide Zfl Wien Süd) den Ex 430 „Val Pusteria" (Innsbruck – Villach – Wien Süd) zwischen Treibach-Althofen und Hirt über die Metnitz-Brücke.

Hauptaufgabe der zehn Villacher 1020 ist der „kleine Grenzverkehr" auf den Strecken 6 und 22 mit Güterzügen zwischen den Grenzbahnhöfen Arnoldstein/Tarvisio (Italien) und Rosenbach/Jesenice (Jugoslawien). Oben befährt die 1020.24 mit dem 45025 (Villach West – Pontebba) die Gailitz-Brücke zwischen Arnoldstein und Thörl-Maglern, rechts verläßt die 1020.25 mit dem 44918 (Beograd – Villach West) kurz vor Rosenbach den 7975 m langen Karawankentunnel.

Alle Zugleistungen auf der Strecke 22a (Spittal-Millstättersee – Lienz – San Candido/Innichen) erbringen die 20 Lienzer 2043. Mit den Korridorzügen durchs Pustertal gelangen sie auch über den Brenner bis Innsbruck. Eine dieser Verbindungen ist der Ex 431 „Val Pusteria", auf dem Foto links am 18. 7. 1983 mit der 2043.65 bei Olang-Valdaora in Südtirol.

Bis zu drei Lokomotiven kann man vor den bergfahrenden Güterzügen im oberen Drautal beobachten. Für die Beförderung des Bedarfszuges 78010 genügen am 18. 7. 1983 die 2043.47 und 2043.67, die gerade das Einfahrtssignal von Abfaltersbach erreicht haben (oben).

Bei der zweigleisigen Neu-Trassierung von Teilabschnitten der Tauern-Südrampe (Strecke 22) in den siebziger Jahren wurden drei imposante Stahlbeton-Bogenbrücken errichtet, durch die das Ausfahren von drei Seitentälern vermieden werden konnte. Linke Seite: Über die 282 m lange Lindischgraben-Brücke zwischen Kaponig und Oberfalkenstein rollt die 1043.09 mit dem 44903 (München Ost – Salzburg – Rosenbach – Zalog) talwärts.

Oben: Vom alten, nicht mehr befahrenen Talübergang bietet sich der Blick auf die neue, 396 m lange Falkenstein-Brücke hoch über dem Schloß Nieder-Falkenstein im Mölltal, die gerade der 66154 (Villach West – Salzburg-Gnigl) mit seinen Zugloks der Reihen 1042 und 1043 befährt (20. 7. 1983).

Im Bereich des Kapponiggrabens zeigt sich die Tauernbahn noch in alter Schönheit. Nebelschwaden steigen aus dem herbstlichen Mölltal herauf, als am 12.10.1982 die Villacher 1042.10 und 1043.03 mit dem 66002 (Villach West – Salzburg-Gnigl) den 236 m langen Oberen Kapponig-Tunnel verlassen und über dem 94 m langen Laskitzer-Viadukt in den Bahnhof Kaponig einlaufen (links außen). Wenig später läßt die 1043.01 vor dem TEEM 41931 (Köln – Salzburg – Zalog) Kaponig hinter sich (links). Mit dem Zugpaar R 4926/4927 (Villach Hbf – Mallnitz – Villach Hbf) wird die Tauern-Südrampe auch von den Villacher 4130 befahren. Am 20.7.1983 rollt der 4130.01 nach 379 m Dunkelheit im Unteren Kapponig-Tunnel in die Abendsonne auf dem Kapponiggraben-Viadukt (oben).

Längst haben die 1020 ihre dominierende Rolle im Güterverkehr über die Tauern verloren, doch noch kann man sie gelegentlich als Ersatz für eine 1043 erleben. Letzte 1020-Planleistung auf der Tauernbahn war bis Mai 1983 der 43020, den am 12. 10. 1982 die Salzburger 1020.02 (heute Zfl Innsbruck) von Villach nach Wels schleppte. Auf dem Foto oben befährt die Lok gerade den 74 m langen Dössenbach-Viadukt, während die letzten Wagen noch über den Waldmanngraben-Viadukt (88 m lang) rollen. Nach der Fahrt durch den 891 m langen Dössen-Tunnel wird der Zug Mallnitz erreichen. Rechts läßt die 1020.22 (Zfl Villach), die am 19. 7. 1983 in Salzburg den 1043-Planzug 44903 (München Ost – Zalog) übernommen hat, Mallnitz hinter sich und fährt über den Waldmanngraben-Viadukt talwärts.

Auf der dicht an den steil abfallenden Hang angelehnten Trasse schlängelt sich der 44053 (Salzburg-Gnigl – Pontebba) mit der 1043.09 zwischen Mallnitz und Kaponig abwärts (12. 10. 1982).

Rechte Seite: Der Ex 212 „Blauer Enzian" (Klagenfurt – Dortmund) hat dank der gemeinsamen Arbeit der 1042.07 und der 1044.42 (beide Zfl Villach) den Anstieg aus dem Mölltal zum 1182 m hoch gelegenen Bahnhof Mallnitz fast geschafft (19. 7. 1983).

Einzige planmäßige Reisezugleistung der 1043 auf der Tauernbahn ist der E 713 (Salzburg – Villach), dessen Reisende bei der Fahrt über den 31 m langen Klamm-Viadukt zwischen dem Unteren Klamm-Tunnel (736 m lang) und dem Oberen Klamm-Tunnel (744 m) nur einen kurzen Blick auf die eindrucksvolle Schlucht der Gasteiner Ache werfen können. 1043.06 am 21. 7. 1983.

Rechte Seite: 100 m über der Angerschlucht liegt die 110 m lange Angertalbrücke im Verlauf der Tauern-Nordrampe, die am 30. 12. 1980 von der Salzburger 1042.610 und der DB-Lok 111 003-0 des Betriebswerks München Hbf mit dem Ex 217 „Austria Express" (Amsterdam – Klagenfurt) befahren wird.

Salzburger 1010 fahren nur vor wenigen Güterzügen über die Tauern. Am 30. 12. 1980 konnte man die 1010.06 im Gasteiner Tal zwischen Angertal und Hofgastein beobachten.

Rechte Seite: Der „Tauern-Express" (Ex 219 Oostende – Split) ist dem namengebenden höchsten Punkt seiner Reise am 30. 12. 1980 hinter Hofgastein schon sehr nahe gekommen, doch erst hinter Böckstein, am Scheitelpunkt der Strecke in 1226 m Höhe, ist für die 1042.613 der Zfl Salzburg der Anstieg geschafft.

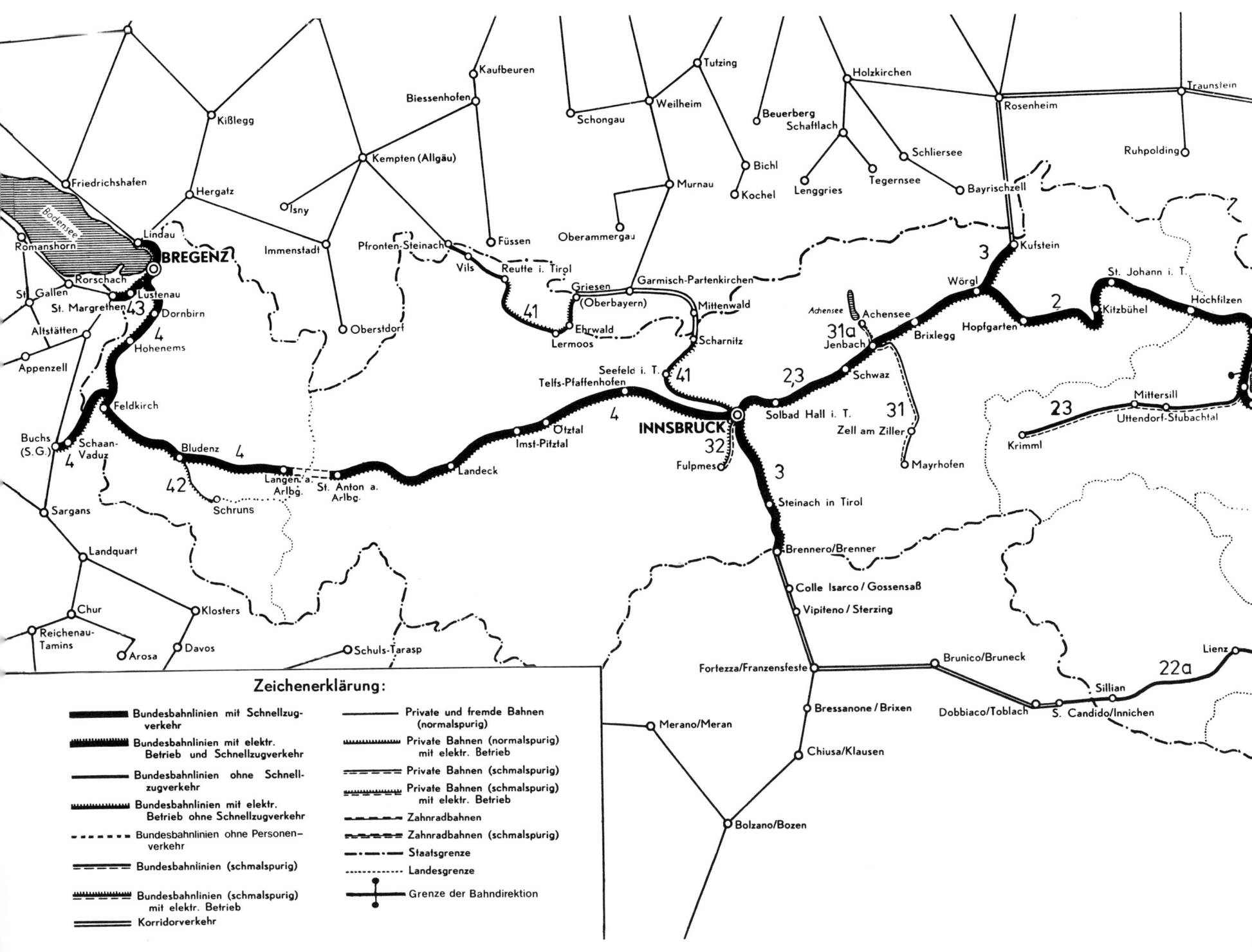

Direktion Innsbruck – Tirol, Vorarlberg

Der Triebfahrzeugbestand der Zugförderungsleitungen und -stellen
(Stand 30.6.1983)

Zfl Bludenz	1020.15–17, 28, 29, 32–39, 42–44, 46, 47	= 18
	1044.30, 32–36, 43, 71, 72, 73	= 10
	1110.01, 03, 04, 07–09, 12–14, 17, 18, 23	= 12
	1180.01–07	= 7
	1670.24, 27	= 2
	1670.104	= 1
	2060.05–08	= 4
	2067.58–60, 62, 63	= 5
	4030.303, 307, 309, 310, 315, 318, 322	= 7
Zfst Landeck	1145.04	= 1
	1180.08, 09	= 2
Zfl Innsbruck	1020.03–14	= 12
	1110.06, 10, 11, 15, 20, 25, 27, 28	= 8
	1110.502, 505, 516, 519, 521, 522, 524, 526, 529, 530	= 10
	1044.55, 74–89, 91, 93, 95	= 20
	1145.06–09, 11, 12, 14–16	= 9
	1061.01, 05	= 2
	1161.02, 04, 06, 09, 14, 16	= 6
	1670.08, 09, 14	= 3
	2060.09–15	= 7
	2062.25, 28	= 4
	2067.61, 64–66	= 4
	2080.01	= 1
	4020.01–05	= 5
	4030.301, 302, 308, 311–313, 316, 321	= 8
Zfst Wörgl	1020.30, 31, 40, 41	= 4
	1061.02–04	= 3
	1245.01, 03, 04	= 3
	1245.511, 532, 535	= 3
	2060.01–04	= 4

Ein strahlend klarer Wintertag war der 5. 2. 1982, an dem Bernd Eisenschink die Fotos dieser Doppelseite aufnahm. Sie zeigen die Strecke 2 (Salzburg – Schwarzach-St. Veit – Wörgl – Innsbruck), die zwar nach der Inbetriebnahme der Rosenheimer Verbindungskurve (im Verlauf der Korridorstrecke Salzburg – Rosenheim – Innsbruck) etwas an Bedeutung verloren hat, jedoch nach wie vor zu den meistbefahrenen Hauptbahnen der ÖBB zählt. Im Abschnitt Saalfelden – Wörgl verkehren zahlreiche Güterzüge mit Nutzvorspann durch Wörgler 1245 oder 1020, gilt es doch, die 960 m Höhe des Paß Grießen in Hochfilzen zu erklimmen.

Linke Seite: Die Vorspannlokomotiven der Reihen 1245 und 1044 des 57245 (Wolfurt – Hall – Bischofshofen – Selzthal – Graz), die an diesem Tag auch noch die schadhafte Grazer 1042 mitschleppen müssen, haben in wenigen Kilometern die Paßhöhe erreicht.

Rechts oben: Zum Leistungsvergleich mit den eigenen Fahrzeugen ziehen die ÖBB gelegentlich auch Lokomotiven fremder Bahnverwaltungen heran. So pendelten in den ersten Wochen des Jahres 1982 eine Schweizer Re 4/4 und die abgebildete norwegische El 16 2209 vor den Zügen Ex 467/468/469 und E 644 zwischen Salzburg und Innsbruck. Ex 468 „Arlberg-Express" bei Söll-Leukental.

Rechts unten: Zugbegegnung bei Pfaffenschwend: Die 1042.621 der Zfl Villach rollt mit dem 69250 (St. Michael – Bischofshofen – Hall i. Tirol) talwärts, während der Innsbrucker 4030.308 als R 5045 seinem nächsten Halt in Hochfilzen zustrebt.

Außergewöhnliche Bespannungen zeigen diese beiden Fotos. Links ist am 15. 7. 1983 die 1063.01 vor dem Sondergüterzug 97962 (Salzburg-Gnigl – Hall i. T.) zwischen Windau und Hopfgarten Berglift im Tal der Windauer Ache zu sehen (vergleiche S. 34). Oben rollt der 44671 (Buchs SG – Hall i. T. – Wels – Hegyeshalom – Budapest) nach Verlassen des 325 m langen Leidegg-Tunnels in der Gegenrichtung an derselben Stelle vorbei. Dieser Zug, der planmäßig zwischen Wörgl und Saalfelden mit einer Wörgler 1245 vor einer Salzburger 1010 verkehrt, wird von der Zfst Wörgl gern zur Überführung von Lokomotiven zur Außenstelle Saalfelden genutzt; doch die Zusammenarbeit der 1020.14 (Zfl Innsbruck), 1245.01 (Zfst Wörgl), 1145.09 (Zfl Innsbruck) und der 1020.04 (Zfl Salzburg) ist eine absolute Rarität. Fotograf war am 8. 1. 1983 Bernd Eisenschink.

Vor der alles überragenden Kulisse des Karwendelgebirges spielt sich der Bahnbetrieb in Innsbruck ab. Neben den modernen Triebfahrzeugen der Reihen 1044 (20 Stück) und 4020 (5 Stück) beheimatet die Zfl Innsbruck auch noch acht Verschublokomotiven der Reihen 1061/1161 (rechts unten 1161.06 auf der Drehscheibe der Zfl Innsbruck am 17. 7. 1983, im Hintergrund die 1020.05) und neun Loks der Reihe 1145. Auf dem Foto links ruht sich die 1145.11 am Abend des 29. 12. 1982 vor dem Heizhaus ihrer Heimatdienststelle vom harten Wintereinsatz aus.

Auf die Strecke gelangen die 1145 tagsüber recht selten, erwähnenswert sind hier lediglich die Verschubgüterzugpaare 77251/252 (Innsbruck 6.46 Uhr – Steinach i.T. 7.31/8.33 – Innsbruck 9.39), 77554/553 (Innsbruck West 17.26 – Silz 18.12/18.30 – Innsbruck West 22.36) und 77043/044 (Wörgl 16.00 – Kirchberg i.T. 17.08/18.05 – Wörgl 19.52). Rechts leistet die 1145.09 Bahnhofsverschub im Hauptbahnhof.

Die Karwendelbahn (Strecke 41 Innsbruck – Garmisch – Reutte i. T.) befahren heute Loks der Reihen 1044 und 1110.5. Oben zieht die 1044.55 der Zfl Innsbruck am 1.1.1983 den R 5428 (Innsbruck – Reutte i. T.) unterhalb des imposanten Zugspitzmassivs in Richtung Lermoos.

Den R 5434 (Innsbruck – Garmisch-Partenkirchen) hat am 17. 7. 1983 die Innsbrucker 1110.516 übernommen. Auf den 23 Kilometern Streckenlänge von Innsbruck West zum 1181 m hoch gelegenen Bahnhof Seefeld i. T. klettert sie mit ihm 598 m hinauf. Die dabei befahrenen 16 Tunnel und 13 größeren Brücken zeugen von der aufwendigen Trassierung dieser Strecke. Auf dem Foto rechts überquert der Zug unmittelbar nach Verlassen des 721,5 m langen Schloßbach-Tunnels die 56,3 m lange Schloßbachbrücke, die in schwindelerregender Höhe die Klamm überspannt.

Vorbei sind die Einsätze der Loks der Reihe 1670 bei den ÖBB. Am Neujahrstag 1983 beginnt die 1670.06 der Zfl Innsbruck ihr letztes Dienstjahr mit dem R 5215 (Innsbruck – Brennero), hier bei der Einfahrt in Matrei. Die 1670.09 (rechts) macht sich um 3.10.1982 vor dem R 5106 (Innsbruck – Kufstein) als Ersatz für einen Elektrotriebwagen der Reihe 4030 nützlich (bei Rum fotografierte Bernd Eisenschink).

Eine der letzten 1110 in grüner Lackierung ist die 1110.17 der Zfl Bludenz, die am 30.7.1981 für die Beförderung des D10281 (Vorzug zum „Alpen-Express" München – Roma) zum Grenzbahnhof Brennero sorgt (links). Aufnahme beim 49,40 m langen Unterberg-Tunnel direkt unterhalb der „Europa-Brücke" der Brenner-Autobahn.

Schönster Abschnitt der Brennerbahn ist die Kehre bei St. Jodok, wo die Bahn zum Höhengewinn vom Silltal aus einen tiefen „Abstecher" ins Valser Tal macht. Das Foto oben mit dem am 29. 7. 1981 von der 1670.08 der Zfl Innsbruck geführten R 5220 (Brennero–Innsbruck) zeigt das ganze Panorama von St. Jodok. Nach kurzem Halt wird der Regionalzug in wenigen Minuten am rechten Hang im Hintergrund wieder auftauchen. Etwa dort ist am nächsten Morgen das Foto rechts mit der Innsbrucker 1020.11 vor dem Leerwagengüterzug 49824 (Bologna – Regensburg Ost) entstanden.

Der Bahnbetrieb am Brenner bietet immer wieder Überraschungen. Zur Einsparung von streckenbelastenden Leerfahrten werden die Lokomotiven als Leervorspann planmäßigen Zügen beigegeben. Mit dem R 5220 gelangen am 30. 12. 1982 die Innsbrucker 1110.530 (aus 49823), 1110.522 (aus 5217) und 1670.06 (aus 5215) wieder abwärts. Das Foto links oben zeigt den Halt der 18 Triebfahrzeug- und 12 Wagenachsen im Bahnhof Gries. Auch die Bergfahrt vor dem R 5215 (Innsbruck – Brenner) durfte die 1670.06 am 30. 12. 1982 nicht alleine absolvieren: Die DB-Lok 194 048-5 des Bw Ingolstadt fuhr ihrem 49830 (Verona – München Ost) zum Übergabebahnhof Brennero entgegen (rechts).

Am Nachmittag desselben Tages kehrte die 1145.15 nach getaner Arbeit mit dem Klima-Schneepflug nach Innsbruck zurück, aufgenommen kurz vor Erreichen des Bahnhofs Gries (links unten).

Während vor Regionalzügen auch Loks der Reihe 1110 verkehren, sind die schnellen Reisezüge auf der Arlbergbahn (Strecke 4, Innsbruck – Buchs SG/Lindau) fest in der Hand der Bludenzer und Innsbrucker 1044. Kurz nacheinander durchqueren am Morgen des 17. 7. 1983 die 1044.79 (Zfl Innsbruck) mit dem D 546 „West-Kurier" (Wien – Lindau) und die 1044.34 (Zfl Bludenz) vor dem Ex 167 „Montfort" (Bregenz – Wien) das Obere Inntal zwischen Imst-Pitztal und Roppen.

Wahrzeichen der Arlbergbahn ist die bekannte Trisanna-Brücke, die in 87,4 m Höhe das Paznauntal westlich von Landeck überspannt. Das Tal liegt schon im Schatten, als am Abend des 15.7.1983 der 65445 (Lindau-Reutin – Wels Vbf) mit den Bludenzer 1020.43 und 1110.04 über die grazile Konstruktion gen Landeck rollt (oben).

Rechte Seite: Ein Drittel der 535 Höhenmeter von Landeck zum 1311 m hoch gelegenen Scheitelpunkt der Strecke im Arlbergtunnel hat die 1110.01 (Zfl Bludenz) mit dem 69744 (Hall i. T. – Buchs SG) bei der Vorbeifahrt am Schloß Wiesberg bereits bezwungen (16.7.1983).

Zwei der 18 Bludenzer 1020, die 1020.44 und 15, ziehen am 15.7.1983 den 69846 (Hall i.T. – Wolfurt) durch Flirsch im Stanzertal. Neben den Leistungen als Zuglok vor Güterzügen erbringen diese fotogenen Triebfahrzeuge zahlreiche Vorspanndienste auf den Arlbergrampen.

Am 16.7.1983 verhilft die 1020.17 dem Ex 469 „Arlberg-Express" (Paris – Wien) mit seiner Zuglok 1044.12 (Zfl Salzburg) über die 31‰ Steigung der Westrampe. Auf dem Foto rechts hat das Gespann die Schanatobel-Brücke zwischen Braaz und Hintergasse erreicht.

Linke Seite: Bei mehr als 1000 t Zuggewicht wird am Arlberg zur Senkung der Zughakenbelastung mit Zwischenlok gefahren. Der Bedarfsgüterzug 77716 hat am 16. 7. 1983 Überlast, so daß sich nur die 1020.43 an der Zugspitze befindet. Die Zwischenlok 1020.34 wird gleich die Rosannabrücke zwischen St. Jakob und St. Anton befahren.

Oben. Eine inoffizielle Abschiedsfahrt mit der letzten betriebsfähigen Lok der Reihe 1670 der ÖBB fand am 17. 7. 1983 vor dem Ex 468 „Arlberg-Express" (Wien – Paris) statt. Die Bludenzer 1670.104, die in diesen Tagen zu Bauzugdiensten an die Außenstelle Landeck verliehen war, durfte als Ersatz für eine 1110 die Salzburger 1044.12 bis St. Anton unterstützen. Wenige Minuten vor Sonnenuntergang im Stanzertal verläßt der Express Pettneu.

Noch im Sommer 1983 war diese Lokparade mit 1670.24, 1670.104, 1145.08 in Landeck und 1180.01, 1020.28 in Bludenz möglich. Handelt es sich bei diesen Fahrzeugen – nüchtern betrachtet – auch um veraltete, einem modernen, wirtschaftlichen Bahnbetrieb eher hinderliche Lokomotiven, so sei doch am Schluß dieses Werkes eine persönliche Bemerkung gestattet: Ohne sie wäre für mich der Einblick in den österreichischen Bahnbetrieb doch weniger faszinierend gewesen.

Anhang

Die stückzahlmäßige Verteilung der Triebfahrzeuge auf die Zugförderungsleitungen bzw. -stellen, Stand 30.6.1983 (ohne Kleinlokomotiven)

Dampflokomotiven – Schmalspur
298	Gmünd (1)	=	1
399	Gmünd (6)	=	6

Zahnrad-Dampflokomotiven – Schmalspur
999	Puchberg (6), St. Wolfgang (5)	=	11
	Summe aller Dampflokomotiven	=	18

Elektrolokomotiven
1010	Salzburg (20)	=	20
1110	Bludenz (12), Innsbruck (8)	=	20
1110.5	Innsbruck (10)	=	10
1018	Linz (7)	=	7
1118	Linz (1)	=	1
1020	Salzburg (2), Bludenz (18), Innsbruck (12), Wörgl (4), Villach (10)	=	46
1040	Mürzzuschlag (9), Amstetten (7)	=	16
1041	Attnang-Puchheim (19), Bischofshofen (6)	=	25
1141	Attnang-Puchheim (12), Linz (11), Bischofshofen (7)	=	30
1042	Amstetten (5), Linz (27), Knittelfeld (10), Villach (18)	=	60
1042.5	Wien Süd (45), Mürzzuschlag (24), Wien West (38), Linz (20), Salzburg (20), Bischofshofen (6), Graz (43), Villach (6)	=	196
1043	Villach (10)	=	10
1044	Wien Süd (12), Wien West (17), Salzburg (28), Bludenz (10), Innsbruck (20), Villach (4)	=	91
1045	Attnang-Puchheim (6)	=	6
1145	Attnang-Puchheim (1), Landeck (1), Innsbruck (9)	=	11
1245	Selzthal (4), Wörgl (3)	=	7
1245.5	Selzthal (1), Wörgl (3), Knittelfeld (16), Villach (9)	=	29
1046	Wien Nord (13), Wien Süd (1), Amstetten (10)	=	24
1061	Innsbruck (2), Wörgl (3)	=	5
1161	Salzburg (4), Bischofshofen (2), Innsbruck (6), Villach (7)	=	19
1062	Wien Süd (12)	=	12
1063	Wien Süd (4)	=	4
1067	Linz (1), Selzthal (1), Salzburg (3)	=	5
1670	Bludenz (2), Innsbruck (3)	=	5
1670.1	Bludenz (1)	=	1
1080	Attnang-Puchheim (9), Selzthal (6)	=	15
1180	Bludenz (7), Landeck (2)	=	9
	Summe Elektrolokomotiven Normalspur	=	684

Elektrolokomotiven – Schmalspur
1099	St. Pölten (15)	=	15
	Summe aller Elektrolokomotiven	=	699

Diesellokomotiven
2043	Linz (8), Wels (15), Graz (13), Knittelfeld (16), Lienz (20)	=	72
2043.5	Vordernberg (4)	=	4
2143	Wien FJB (21), Krems (6), Wien Nord (17), Wr. Neustadt (33)	=	77
2045	Krems (17)	=	17
2050	Wien Nord (18)	=	18
2060	Wien Nord (20), Mürzzuschlag (3), Amstetten (3), Wr. Neustadt (5), St. Pölten (4), Attnang-Puchheim (5), Linz (9), Selzthal (6), Salzburg (4), Bischofshofen (3), Wels (4), Bludenz (4), Innsbruck (7), Wörgl (4), Graz (6), Knittelfeld (6), Villach (7)	=	100
2062	Wien FJB (9), Wien Ost (17), Mürzzuschlag (3), Wr. Neustadt (3), St. Pölten (4), Linz (7), Salzburg (1), Wels (1), Innsbruck (4), Graz (4), Knittelfeld (6), Villach (5), Lienz (1)	=	65
2066	Wien Nord (1)	=	1
2067	Gmünd (3), Wien Ost (32), Wr. Neustadt (6), Linz (14), Salzburg (7), Wels (13), Bludenz (5), Innsbruck (4), Graz (11), Knittelfeld (7), Villach (9)	=	111
2080	Innsbruck (1)	=	1
2180	Villach (1)	=	1
	Summe Diesellokomotiven Normalspur	=	467

Diesellokomotiven – Schmalspur
2090	Waidhofen/Ybbs (1)	=	1
2190	Gmünd (1), St. Pölten (1)	=	2
2091	Gmünd (3), St. Pölten (3), Waidhofen (5)	=	11
2092	Gmünd (1), St. Pölten (2), Zell am See (1)	=	4
2093	St. Pölten (1)	=	1
2095	Gmünd (4), St. Pölten (3), Waidhofen (4), Zell am See (4)	=	15
	Summe Diesellokomotiven Schmalspur	=	34
	Summe aller Diesellokomotiven	=	501

Elektrotriebwagen
4010	Wien Süd (11), Wien West (8), Graz (10)	=	29
4020	Floridsdorf (68), Innsbruck (5)	=	73
4030.1	Wien FJB (4)	=	4
4030.2	Wien FJB (11), Wien West (10), Floridsdorf (20), Linz (5)	=	46
4030.3	Wien FJB (4), Bludenz (7), Innsbruck (8), Villach (3)	=	22
4130	Villach (3)	=	3
	Summe Elektrotriebwagen	=	177

Dieseltriebwagen
5042	Wien Nord (3)	=	3
5044	Mürzzuschlag (2), Wr. Neustadt (2), Graz (1)	=	5
5144	Wien Nord (5)	=	5
5145	Wien Ost (16)	=	16
5046.1	Wr. Neustadt (1)	=	1
5046.2	Wr. Neustadt (10), St. Pölten (5), Graz (1)	=	16
5146.1	St. Pölten (3)	=	3
5146.2	St. Pölten (5)	=	5
5081	Wels (12), Graz (2), Knittelfeld (7)	=	21
5081.5	Vordernberg (6)	=	6
	Summe Dieseltriebwagen Normalspur	=	81

Zahnrad-Dieseltriebwagen
5099	St. Wolfgang (2)	=	2
	Summe aller Dieseltriebwagen	=	83
	Summe aller Triebfahrzeuge (ohne Kleinlok)	=	1478